AI, 헤테로토피아, 여행

JN442466

인공지능총서

인공지능 시대입니다. 기계가 인간의 인지를 대신하고, 사물이 인간을 통하지 않고 다른 사물과 직접 커뮤니케이션합니다. 이에 따른 인간 삶과 문명 변화를 정확히 이해 · 예측 · 대응하는 것은 이 시대 우리 모두의 과제입니다. 인공지능총서는 인공지능 기술과 환경의 여러 주제를 10가지 키워드로 정리합니다. 관련 개념과 이론, 학계와 산업계의 쟁점, 우리 일상의 변화를 다룹니다. 인간과 기술의 현재, 미래를 세심히 분석합니다.

일러두기

- 인명, 작품명, 저서명, 개념어 등은 한글과 함께 괄호 안에 해당 국가의 원어를 병기했습니다.
- 외래어 표기는 현행 어문규정의 외래어표기법을 따랐습니다.

처음이세요?
전문가세요?

지금, 큐알 찍으면

- AI 입문서 바로 선물
- 당신만의 필독서 추천
- 500권 요약본 공짜
- 오디오북 무료 사용

AI, 헤테로토피아, 여행

김정헌

대한민국, 서울, 커뮤니케이션북스, 2025

AI, 헤테로토피아, 여행

지은이 김정헌
펴낸이 박영률

초판 1쇄 펴낸날 2025년 11월 3일

커뮤니케이션북스(주)
출판 등록 2007년 8월 17일 제313-2007-000166호
02880 서울시 성북구 성북로 5-11
전화(02) 7474 001, 팩스(02) 736 5047
commbooks@commbooks.com
www.commbooks.com

이 책은 커뮤니케이션북스(주)가 저작권자와 계약해 발행했습니다.
본사의 서면 허락 없이는 어떠한 형태나 수단으로도
이 책의 내용을 이용할 수 없음을 알려드립니다.

© 김정헌, 2025

ISBN 979-11-430-1427-6 03500

책값은 뒤표지에 표시되어 있습니다.

차례

AI가 만든 헤테로토피아

여행 설렘과 기호 소비

'여행'이라는 단어는 그 자체로 사람들의 마음을 설레게 한다. 익숙한 일상을 잠시 벗어나 낯선 공간으로 떠날 때, 그것은 단순한 이동이 아니라 새로운 감성과 특별한 정서를 경험하는 순간이 된다. 이러한 비일상적 경험은 여행이 가진 가장 큰 매력이다. 반복되는 삶의 패턴에서 벗어나 다른 방식의 삶을 마주할 때, 사람들은 자기만의 의미를 발견하고 내적으로 성장한다. 심리학적으로도 이러한 과정은 기대와 설렘을 자극하며 행복감을 높이는 것으로 알려져 있다(Crompton, 1979; Cohen, 1979).

과거 여행이 단순한 일탈을 의미했다면, 오늘날 여행은 특정 브랜드 경험, 인증 숏, SNS 포스팅 등을 통해 '기호(sign)'를 소비하는 행위로 자리 잡았다. 즉 소비 사회 속 여행이다. 소비 사회란 보드리야르(Baudrillard, 2016)가 설명했듯, 사람들이 물건을 기능적으로 사용하는 것이 아니라 그 속에 담긴 상징적 의미와 사회적 지위를 소비하는 사회를 뜻한다. 예컨대 자동차는 단순한 이동 수단을 넘어 부(富), 스타일, 정체성을 드러내는 기호로 기능한다.

여행 역시 기호를 소비한다. 여행은 더 이상 단순한 휴식이나 이동이 아니라, 특정한 이미지와 이야기를 소비하고, 그것을 타인과 공유하는 과정으로 자리 잡았다. 여행자는 자신이 '진정성'을 추구한다고 믿지만, 실제로는 사회적으로 생산된 이미지와 상징을 소비하는 경우가 많다. 결국 여행지는 상품처럼 상징적 가치로 포장되고, 여행자는 경험의 주체인 동시에 기호를 소비하는 존재로 기능한다.

오늘날 여행자들은 단순히 자연 풍경이나 문화유산을 방문하는 데서 만족하지 않는다. 그들은 여행 경험을 어떻게 SNS에 올리고, 지인에게 공유할지까지 고민한다. 파리의 에펠탑이나 몰디브의 수상 빌라는 그 자체로도 매혹적인 장소지만, 오늘날에는 그곳을 배경으로 찍은 사진이 더 큰 의미를 지닌다. 사진 속 장소는 단순한 기록을 넘어 럭셔리, 낭만, 자유 등과 같은 상징적 기호를 드러내며 소비된다.

즉, 여행자는 장소와 문화를 직접 경험하는 동시에 그것을 기호화된 이미지로 전환해 다시 소비하고 재생산한다. 결국 여행은 장소를 방문하는 물리적 행위에서 의미와 기호를 소비하는 사회적 행위로 확장되었으며, 이는 소비 사회의 전형적인 특징이다. 따라서 오늘날 여행지는 물리적 공간이면서, 이미지와 상징이 중첩된 하이퍼 리얼리티(hyperreality)의 공간으로 기능한다.

이는 보드리야르(Baudrillard, 1994)가 제시한 시뮬라시옹(simulation)과 시뮬라크르(simulacre) 개념과 밀접하게 연결된다. 시뮬라시옹은 원본을 단순히 복제하는 것이 아니라, 현실을 새롭게 재현하고 구성하는 과정을 의미한다. 예컨대 라스베이거스의 베네치아 호텔이나 파리 호텔은 실제 도시의 모습만을 그대로 옮겨 놓은 것이 아니라 상업적 · 오락적으로 변형된 또 하나의 재현된 현실을 창조한다.

반면 시뮬라크르는 원본이 존재하지 않거나, 이미 본질에서 멀어진 상태의 복제를 말한다. 이때 복제는 더 이상 원형에 의존하지 않고, 마치 독립된 실재처럼 기능한다. 두바이의 인공섬이나 중국의 파리 복제 마을은 특정 원형을 온전히 모방하기보다는 새로운 현실 자체로 경험되며, 그 자체가 하나의 고유한 공간으로 받아들여진다. 이는 여행지가 단순한 물리적 장소가 아니라, 상징과 이미지가 현실을 대체하는 하이퍼 리얼리티의 무대임을 보여준다.

라스베이거스의 테마 건축물, 두바이의 팜 아일랜드, 중국의 복제 마을은 이러한 시뮬라시옹과 시뮬라크르가 결합된 대표적 사례다. 이곳에서는 '진짜 같은 가짜'를 통해 오히려 더 강렬한 경험을 제공한다. 현실과 가상의 경계가 희미해지며, 여행자는 시뮬라크르 속에서 실제보다 더 진짜 같은 만족을 얻는다.

다만 중요한 점은, 여행이 단순히 복제된 이미지를 소비하는 경험에 그치지 않는다는 사실이다. 여행의 본질은 여전히 '다른 공간으로 이동'에 있다. 설령 그것이 모방된 환경이나 기호화된 공간이라 할지라도 여행자는 그 속에서 새로운 정서와 의미를 발견하며, 이를 통해 여행 고유의 매력을 경험한다.

헤테로토피아와 관광

여행은 본질적으로 다른 공간을 찾아가는 행위다. 그러나 어떤 장소는 누군가에게는 비일상적 체험 공간이지만, 또 다른 누군가에게는 일상의 터전이 될 수 있다. 예컨대 부산의 감천 마을은 여행자에게는 이색적인 벽화마을로 인식되지만, 주민에게는 생활의 공간이며, 상인에게는 생계의 현장이다. 이처럼 여행자의 비일상성과 현지인의 일상성이 교차하는 지점에서 우리는 미셸 푸코(Foucault, 2008)가 말한 헤테로토피아(heterotopia)의 개념을 떠올릴 수 있다.

헤테로토피아는 단순히 '다른 공간'을 의미하는 것이 아니다. 그것은 사회 질서 속에서 분리되면서도 독자적인 규칙과 의미를 지닌 장소를 가리킨다. 교도소, 병원, 정원 등이 대표적 사례다. 푸코는 이를 거울에 비유했다. 거울은 마치 현실에 속하지 않는 허상처럼 보인다. 거울 속의 나는 진짜처럼 존재하지만 사실은 허상이다. 그러나 그 허상 덕분에 나는 현실 속에서의 내 모습을 확인하고, 나의 위치를 다시 인식하게 된다. 이 비유는 헤테로토피아가 단순한 환상이 아니라, 현실을 비추고 성찰하게 만드는 다른 공간임을 보여준다.

여행지도 마찬가지다. 여행자는 여행지를 통해 일상과는 다른 차원을 경험하는 동시에, 자신이 속한 사회와 삶을 되돌아보게 된다. 따라서 여행지는 단순한 소비의 장소를 넘어, 사회적 질서와 개인적 정체성을 동시에 비추는 헤테로토피아다.

푸코는 헤테로토피아를 설명하기 위해 6가지 원리를 제시했다(Foucault, 2008; Topinka, 2010; Saldanha, 2008). 첫째, 헤테로토피아는 모든 문화에 존재한다. 다만 그 형태와 의미는 시대와 사회적 맥락에 따라 크게 달라진다. 전통 사회에서는 청소년, 임산부, 노인처럼 사회적 전환기나 위기에 처한 이들을 위한 공간인 '위기 헤테로토피아'가 존재했다. 기숙학교, 군대, 신혼여행 같은 제도가 그 예다.

하지만 현대 사회로 들어오면서 이러한 위기 공간은 점차 사라지고, 대신 '일탈 헤테로토피아'가 등장했다. 이는 사회적 규범을 벗어난 사람들을 수용하는 장소로 요양원, 정신병원, 교도소, 양로원 등이 대표적이다. 이 공간들은 정상성의 경계 밖에 있는 이들을 가두거나 보호하는 동시에, 사회 질서의 이면을 드러내는 역할을 한다.

둘째, 헤테로토피아는 시간에 따라 기능이 변한다. 같은 장소라도 시대적 맥락에 따라 전혀 다른 의미를 띤다는 것이다. 묘지가 대표적인 예다. 중세에는 교회의 중심부에 위치해 신성한 성역으로 여겨졌지만, 19세기에는 전염병 확산에 대한 두려움으로 인해 도시 외곽으로 옮겨졌다. 그 결과 묘지는 '죽음의 도시'라는 새로운 의미를 갖게 되었다.

셋째, 헤테로토피아는 서로 다른 성격의 공간들을 한 곳에 병치하는 특징을 지닌다. 공연장이나 영화관은 현실의 장소이면서 동시에 가상의 이야기가 펼쳐지는 무대다. 관객은 실제 공간에 앉아 있으면서도 허구적 세계를 경험하게 된다. 가장 오래된 예는 정원이다. 페르시아의 전통 정원은 세계의 사방을 하나의 직사각형 안에 배치하고, 중앙 분수를 세계의 중심으로 두어 작은 공간 속에 우주 전체를 압축해 놓았다. 카펫은 이러한 정원을 이동 가능한 형태로 옮겨 놓은 상징적 축소판이다.

넷째, 시간성은 헤테로토피아를 이해하는 중요한 요소로 헤테로크로니아(heterochronia)라고도 한다. 어떤 헤테로토피아는 시간을 무한히 축적하는 공간이다. 박물관이나 도서관처럼 과거와 현재, 나아가 미래의 지식을 끝없이 저장하며 시간의 축적을 가능하게 한다. 반대로 박람회, 유원지, 휴양 마을은 축제와 같이 순간적인 시간만을 창출한다. 이곳에서는 일상의 시간 질서가 뒤집히고, 특별한 리듬 속에서 새로운 체험이 가능해진다.

다섯째, 헤테로토피아는 출입 방식에서도 독특한 성격을 지닌다. 어떤 곳은 군영이나 감옥처럼 강제로 들어가야 하고, 또 어떤 곳은 목욕탕이나 사우나처럼 일정한 정화 의례를 거쳐야만 입장할 수 있다. 겉으로는 누구에게나 개방된 것처럼 보이지만, 실제로는 특정 집단에게만 허용하는 공간도 있다. 브라질 농장의 통과 객실이 대표적이다.

여섯째, 헤테로토피아는 전체 사회와의 관계 속에서

기능한다. 어떤 경우에는 현실을 비틀어 허구성을 드러내는 환영의 공간으로 작동하고, 또 다른 경우에는 현실의 불완전함을 보완하는 보상의 공간으로 작동한다. 예컨대 과거의 사창가는 환영의 공간이고, 청교도 식민지나 파라과이 예수회 마을은 보상의 공간이다.

이 모든 특징을 상징적으로 보여주는 장소가 바로 배다. 배는 닫힌 공간이면서도 동시에 바다라는 무한함에 열려 있다. 항구와 식민지를 오가며 새로운 세계와 상상력을 공급했던 배는 경제 발전의 도구였을 뿐 아니라, 서구 문명이 꿈꾸던 모험과 유토피아의 상징적 헤테로토피아였다. 그래서 “배 없는 문명에서는 모험 대신 첩보가, 해적 대신 경찰이 등장한다”는 말은 단순한 과장이 아니다.

오늘날 여행지도 이러한 헤테로토피아의 성격을 뚜렷하게 드러낸다. 라스베이거스의 카지노와 테마 호텔들은 현실에서는 불가능한 도시와 문화를 한자리에 병치하며, 진짜보다 더 진짜 같은 세계를 만들어 낸다. 디즈니랜드는 동화적 상상력을 공간으로 구현하여, 아이와 어른 모두가 현실과 분리된 환상의 세계를 체험하게 한다. 제주 올레길은 주민들에게는 생활의 길이지만, 관광객에게는 비일상적 성찰의 길로 경험된다. 전통 시장은 지역 주민에게는 생계의 터전이지만, 외부 관광객에게는 체험과 향유의 공간으로 다가온다.

따라서 여행은 곧 헤테로토피아를 찾아가는 과정이라 할 수 있다. 중요한 점은 헤테로토피아가 단순한 현실의 도피처가 아니라는 것이다. 그것은 현실의 구조를 비추는 거울로서 작동한다. 여행지는 우리가 속한 사회의 가치와 욕망을 반영하는 동시에 그것을 낯설게 드러내어 우리 스스로를 되돌아보게 만든다.

AI가 확장한 여행 경험

디지털 사회에서 헤테로토피아는 어떻게 구현될까? 온라인과 오프라인이 결합된 스마트 관광 도시, 메타버스, 디지털 트윈 등으로 재현된 '가상공간'과 감정을 인식하는 '첨단 기술'은 새로운 형태의 디지털 헤테로토피아를 만들어 낸다. 이때 AI는 여행 경험을 재구성하고 의미 자체를 바꾸는 핵심 기술로 작동한다. 경로를 안내하는 내비게이션, 관광지를 추천하는 알고리즘, 사진을 자동 분류하는 애플리케이션, 뇌파와 감정을 분석하는 뉴로 기술까지, 모두 여행의 설렘을 증폭시키는 장치가 된다.

디지털 헤테로토피아는 기존의 물리적 공간과는 전혀 다른 차원을 보여준다. 스마트 관광 도시는 도시 전체를 하나의 살아 있는 여행 플랫폼으로 재구성하여, 여행자가 데이터를 기반으로 끊임없이 상호작용하는 참여적 공간을 만든다. 이곳에서 길과 광장은 단순한 이동 경로가 아니라, 정보가 흐르고 경험이 축적되는 네트워크의 일부가 된다. 디지털 트윈은 실제 도시나 관광지를 정밀하게 재현하면서도, 물리적 공간에서는 불가능한 시뮬레이션과 실험을 가능하게 한다. 여행자는 현실의 제약을 넘어 시간과 공간을 조작하며 또 다른 여행을 체험할 수 있다.

메타버스는 한 걸음 더 나아가, 물리적 원본과의 연관성이 희미해진 순수한 가상공간을 창조한다. 이곳에서 여행자는 물리적 장소에 가지 않고도 사회적 교류와 몰입적 체험을 누리며, 현실과 가상의 경계가 무너진 새로운 형태의 이질적 공간을 경험한다.

따라서 디지털 사회에서의 관광 공간은 단순히 효율과 편의성을 높이는 도구적 차원에 머물지 않는다. 오히려 현실과 가상이 교차하는 또 다른 차원을 창출하며, 그 안에서 새로운 규칙과 질서를 갖춘 다른 공간으로 기능한다. 이는 푸코가 말한 헤테로토피아의 성격과 맞닿아 있다. 즉, 디지털 헤테로토피아는 사회의 기존 질서를 비추는 동시에 그것을 전복하거나 변형할 수 있는 잠재력을 지닌다. 결국 여행자는 물리적 현실을 넘어선 가상과 현실의 공간에서 낯선 경험을 마주하고, 이를 통해 자기 자신과 사회를 다시 되돌아보게 된다.

특히 AI는 여행 경험을 단순히 편리하게 만드는 데 그치지 않고, 다층적으로 확장한다. 추천 알고리즘은 여행자가 스스로 발견하지 못했을 장소와 경로를 제시하고, 대안적 공간으로의 이동을 가능하게 한다. 뉴로 관광은 뇌파와 감정을 측정해 몰입과 비일상성을 강화하고, 개인의 내면 속에 새로운 헤테로토피아를 열어준다. 여행 챗봇과 서비스 로봇은 인간의 안내와 환대를 보완하며, 관광의 진입 규칙을 새롭게 정의한다. 또한 AI 여행 기록은 경험을 데이터화하여 과거 · 현재 · 미래가 동시에 공존하는 디지털 아카이브를 만든다. 이는 푸코가 말한 헤테로크로니아, 곧 시간성의 전복을 기술적으로 구현한 사례라 할 수 있다.

결국 AI는 여행을 단순히 효율적이고 편리하게 만드는 기술이 아니다. 그것은 새로운 헤테로토피아적 경험을 창출하는 매개체다. 여행자는 AI가 만들어 낸 공간 속에서 비일상적 낯선 체험을 하고, 동시에 자신이 속한 사회와 정체성을 다시 비추어 보는 성찰의 기회를 얻게 된다.

10개 키워드로 떠나는 여정

이 책은 10개의 키워드를 중심으로 AI와 헤테로토피아, 그리고 여행이 만나는 접점을 탐구한다. 대중 독자는 철학·사회학적 개념을 친근한 언어로 이해할 수 있으며, 연구자와 학생은 AI와 관광 융합 연구의 최신 동향을 단기간에 파악할 수 있다. 또한 실무자는 관광 기획과 정책 현장에서 응용 가능한 실질적 시사점을 얻을 수 있을 것이다.

이를 위해 총 10장으로 구성되었으며, 기준은 두 가지다. 첫째, 여행이 디지털 사회 속에서 어떻게 재구성되는가를 직접적으로 보여줄 수 있는 주제를 담았다. 둘째, 각 장이 독립적으로 읽히면서도 전체적으로는 하나의 서사적 흐름을 형성하도록 배열했다.

1장 스마트 관광 도시는 기술과 도시가 결합해 새로운 여행 생태계를 형성하는 과정을, 2장 디지털 관광지는 디지털 트윈과 가상공간을 통한 관광지의 재현과 확장을 다룬다. 3장 AI 관광 교통은 교통을 이동 수단에서 여행 경험의 공간으로 확장하는 가능성을, 4장 디지털 헤테로토피아는 AR·VR 등을 활용한 또 다른 헤테로토피아를 다룬다.

5장 헤테로토피아적 축제는 축제가 다른 질서와 시간

성을 창출하는 공간으로 기능함을, 6장 AI 추천 서비스는 알고리즘이 새로운 선택과 경로를 제시하는 방식을, 7장 뉴로 관광은 뇌과학과 관광학이 결합한 감정과 몰입 경험을 다룬다.

마지막으로 8장 여행 챗봇은 대화형 AI가 실시간 의사결정을 지원하는 방식을, 9장 서비스 로봇은 호텔 · 공항 · 레스토랑에서 인간적 환대를 대체하거나 보완하는지를, 10장 AI 여행 기록은 기억과 경험이 데이터 아카이브로 재편되며, 여행이 새로운 시간성과 의미를 획득하는지를 보여준다.

각 장은 독립적으로 읽을 수 있지만, 동시에 긴밀히 맞물려 하나의 흐름을 이뤄, 전체 10개의 주제는 크게 '공간-경험-기술'이라는 세 흐름으로 구분할 수 있다.

첫 번째 흐름은 '디지털 관광 공간의 형성'이다. 스마트 관광 도시, 디지털 관광지, AI 관광 교통이 여기에 속한다. 이 장들은 도시와 여행지가 디지털 기술을 통해 어떻게 새롭게 설계되고, 이동과 연결의 방식이 어떻게 변화하는지를 보여준다. 물리적 도시와 가상공간이 겹쳐지면서 여행은 더 이상 오프라인에만 머물지 않고, 데이터와 알고리즘이 살아 있는 공간 경험으로 확장된다.

두 번째 흐름은 '헤테로토피아적 경험의 심화'로 디지

털 헤테로토피아와 헤테로토피아적 축제가 중심을 이룬다. 이 장들은 푸코가 말한 '다른 공간'이 디지털 기술과 지역 축제를 통해 어떻게 구현되는지를 탐구한다. 일상과 비일상, 현실과 가상이 교차하는 지점에서 여행자는 낯섦과 몰입을 동시에 경험하며, 이는 여행을 단순한 소비가 아니라 문화적 · 사회적 실험의 장으로 전환시킨다.

세 번째 흐름은 'AI 기반 개인화와 동반자 기술'이다. AI 추천 서비스, 뉴로 관광, 여행 챗봇, 서비스 로봇, AI 여행 기록이 여기에 해당한다. 이 장들은 AI가 어떻게 여행자의 감정과 요구를 읽어내고, 실시간으로 소통하며, 물리적 · 가상적 동반자로 작동하는지를 다룬다. 특히 뉴로 관광은 뇌과학을 통해 여행의 감정적 본질을 드러내고, AI 여행 기록은 우리의 경험을 개인화된 기억 아카이브로 전환시키는 과정을 보여준다.

독자는 이 책을 통해 '공간의 디지털화'→'헤테로토피아적 경험'→'AI에 의한 개인화'라는 흐름 속에서, 여행이 디지털 사회에서 어떻게 재구성되는지를 입체적으로 이해할 수 있다. 각 장은 단독으로 읽어도 특정 이슈를 깊이 탐구할 수 있지만, 전체를 따라가다 보면 여행의 구조적 변화를 큰 그림으로 파악할 수 있다.

결국 독자는 열 개의 여정을 따라가며, 여행이 디지털

사회 속에서 어떻게 다시 쓰이고, 재구성되며, 재해석되는지를 경험하게 된다. 다시 말해, 이 책은 단순히 관광의 미래를 전망하는 데 그치지 않고, AI와 헤테로토피아가 교차하는 지점에서 여행의 본질이 어떻게 변화하는지를 보여주는 서사적 지도다.

변하지 않는 여행의 본질

AI와 디지털 기술은 여행을 혁신적으로 바꾸고 있다. 스마트 관광 도시, 디지털 트윈, 메타버스, 뉴로 기술 등은 여행을 새로운 차원으로 확장한다. 그러나 모든 혁신의 이면에는 언제나 변하지 않는 여행의 본질이 자리한다. 오래된 골목의 냄새, 현지인의 조언, 우연히 마주친 풍경은 데이터와 알고리즘으로는 완전히 설명할 수 없는 경험을 만들어 낸다.

그래서 책의 전체 주제인 디지털과 AI 중심의 논의에서 잠시 벗어나, 여행이 가진 아날로그적 측면을 되짚는다. 새로운 기술이 어떤 변화를 이끌어왔는지를 살펴보는 동시에, 시대와 도구를 넘어 지속되어 온 여행의 원형적 매력은 무엇인지 탐구한다. 이를 통해 독자는 여행이 단순히 기술적 진보의 산물이 아니라, 인간 경험의 연속선상에 놓여 있음을 다시금 확인하게 될 것이다.

스마트 관광 도시는 주로 디지털 인프라와 시스템으로 설명되지만, 사실 도시의 진정한 매력은 오래된 골목의 냄새, 벽화, 노점상 같은 아날로그적 풍경 속에서도 빛난다. 디지털 관광지는 디지털 트윈과 메타버스를 강조하지만, 이미 19세기의 파노라마 그림과 디오라마 전시가 사람들에게 가상의 여행을 가능하게 했다는 점을 기억할 필요가 있다. AI 관광 교통은 첨단 시스템의 혁신성을 보여주지만, 많은 여행자에게 가장 오래 남는 기억은 낡은 버스나 덜컹거리는 삼륜차와 같은 낯선 이동 수단의 경험이다.

디지털 헤테로토피아가 온라인과 오프라인의 교차를 설명한다면, 때로는 폐허가 된 공장이나 버려진 놀이공원 같은 장소가 더 큰 매혹을 주기도 한다. 헤테로토피아적 축제 역시 제도적 행사에만 국한되지 않는다. 작은 마을 축제나 주민들의 자발적 퍼포먼스가 오히려 공동체의 본질을 드러내기도 한다.

AI 추천 서비스는 정교한 알고리즘을 자랑하지만, 여행의 가장 큰 감동은 우연히 마주친 골목길에서 비롯된다. 뉴로 관광은 뇌파와 감정 데이터를 분석하지만, 이미 고대 여행 일기나 중세 순례 기록에도 감정의 흔적은 섬세하게 남아 있었다. 여행 챗봇은 최신 대화형 기술을 보여주지만, 사실 여행자는 예전부터 가이드북의 문장과 현지인의 짧은 조언을 '아날로그 챗봇'처럼 활용해 왔다. 서비스 로봇은 최신 사례로 제시되지만, 자동판매기 · 공중전화 · 티켓 발매기 같은 장치 역시 오래전부터 비인간적 서비스 제공자로 여행 속에 자리해 왔다. 마지막으로 AI 여행 기록은 데이터 아카이브를 강조하지만, 과거 여행자가 지도 위 남긴 작은 낙서나 오래된 흑백 사진 한 장도 당대에는 혁신적인 기록이었다.

이처럼 본문 각 장에서는 전체 주제와 직접적으로 연결되지 않아 아날로그적 측면은 깊이 다루지 못했다. 그러나 이런 작은 이야기들을 함께 떠올리면, 여행의 본질은 시대와 도구가 달라져도 변하지 않는다는 사실이 더욱 분명해진다. 인간은 언제나 새로운 것을 경험하고, 그것을 기록하며, 다시 나누고자 해 왔다. AI와 디지털 헤테로토피아는 단지 그 과정을 새로운 차원으로 확장하는 매개체일 뿐이다.

여행은 여전히 설레는 행위다. 다만 이제 그 설렘은 AI와 결합해 디지털 헤테로토피아라는 또 다른 차원으로 진화하고 있다. 이 책은 그 여정을 독자와 함께 탐구하며, 여행을 바라보는 새로운 시선과 상상력을 제공하고자 한다.

참고문헌

Baudrillard, J.(1994). *Simulacra and simulation*. University of Michigan Press.

Baudrillard, J.(2016). *The consumer society: Myths and structures*. Sage Publications.

Cohen, E.(1979). A phenomenology of tourist experiences. *Sociology, 13*(2), pp.179~201.

Crompton, J. L.(1979). Motivations for pleasure vacations. *Annals of Tourism Research, 6*(4), pp.408~424.

Foucault, M.(2008). Of Other Spaces. In Dehaene, M. & De Cauter, L.(eds.). *Heterotopia and the City*, pp.25~42. Routledge.

Saldanha, A.(2008). Heterotopia and structuralism. *Environment and Planning A, 40*(9), pp.2080~2096.

Topinka, R. J.(2010). Foucault, Borges, heterotopia: Producing knowledge in other spaces. *Foucault Studies, 9*, pp.54~70.

01
스마트 관광 도시

스마트 관광 도시는 단순한 여행지가 아니다. 데이터와 기술, 지역 사회가 연결된 플랫폼으로, 여행자의 감각과 기억을 재구성한다. 여행자는 스마트폰을 통해 도시와 실시간으로 소통하며, 개인화된 추천과 다양한 서비스로 몰입 체험을 경험한다. 이 과정에서 도시는 단순한 배경이 아닌 인터페이스로 기능하고, 여행자는 헤테로토피아 속에서 소비자가 아닌 능동적 참여자가 된다.

기후 위기와 인공지능?

스마트 관광 도시 개념

스마트 관광 도시는 단순히 디지털 기술을 적용한 도시가 아니다. 데이터, 기술, 사람의 경험이 서로 교차하며 새로운 가치를 창출하는 생태계다. 과거 여행이 안내 책자와 가이드 중심으로 운영되던 시대에서 오늘날 여행은 실시간 상호작용과 맞춤형 서비스로 특징지어진다. 이는 정보통신 기술의 발전이 여행지 관리와 여행자 경험을 동시에 재편했기 때문이다(Gretzel et al., 2015).

스마트 관광의 등장은 e-투어리즘의 한계를 넘어서는 시도로 이해할 수 있다. e-투어리즘이 예약, 결제, 정보 검색 등 온라인 기반 거래와 행정적 효율성에 집중했다면, 스마트 관광은 여행의 출발 전 · 여행 중 · 도착 후 등 전 과정을 데이터와 연결된 경험으로 확장한다. 예컨대 여행자는 여행을 준비할 때 빅데이터 기반 추천을 받고, 현장에서는 증강현실(AR)을 통해 유적의 옛 모습을 복원된 형태로 체험하며, 여행 후에는 SNS와 디지털 플랫폼을 통해 경험을 공유하고 평가한다. 이 과정은 여행을 단순한 소비 행위에서 참여와 창조의 과정으로 전환한다.

스마트 관광 도시는 ICT 인프라, 관광 자원, 서비스 공급자, 주민, 그리고 여행자가 연결된 생태계(Buhalis &

Amaranggana, 2015)로 도시를 하나의 생태계로 바라본다. 이 생태계 안에서 데이터는 새로운 공공재로 기능하며 여행자의 이동, 선호, 만족도 등이 실시간으로 수집 및 분석된다. 이를 통해 교통 혼잡 완화, 환경 모니터링, 안전 관리, 맞춤형 서비스 제공이 가능하다. 즉, 스마트 관광 도시는 단순한 기술 도입의 공간이 아니라, 데이터와 경험이 순환하는 도시적 실험 공간으로 전환한다.

이러한 전환은 전 세계 곳곳에서 빠르게 확산하고 있다. 스페인 바르셀로나는 온디맨드 버스 서비스를 도입해 시민과 여행자가 앱으로 원하는 시간과 위치를 지정하면 대중교통이 연계되도록 했다. 일본 교토는 문화유산 관리에 ICT를 접목해 혼잡도를 실시간으로 조절하고, 여행자에게 최적의 동선을 안내하는 스마트 크라우드 매니지먼트 시스템을 운영한다. 싱가포르는 도시 전체를 디지털 트윈으로 구축해 여행자에게 AR 기반 체험을 제공하며, 환경 모니터링과 에너지 관리까지 통합적으로 관리하고 있다. 제주도는 스마트 그리드와 친환경 인프라를 활용해 여행과 지속 가능성을 동시에 추구한다.

결국 스마트 관광 도시는 기술 혁신과 지속 가능성을 동시에 추구하는 도시의 새로운 플랫폼으로 자리매김하고 있다(Pasquinelli & Trunfio, 2023).

개인화된 맞춤형 체험

스마트 관광 도시의 핵심은 기술이다. 그러나 이 기술은 단순한 장식이 아니라 여행자의 경험을 근본적으로 바꾸는 도구다. 여행자는 더 이상 일방적으로 안내판만을 따라다니는 수동적인 존재가 아니다. 스마트폰, 센서 등은 여행자가 도시와 대화하고 협력하며, 스스로 경험을 창조할 수 있도록 돕는다.

대표적인 기술은 AI와 빅데이터다. AI 기반 추천 시스템은 여행자의 검색 기록, 이동 경로, 심지어는 소셜 미디어 게시물까지 분석해 맞춤형 코스를 제안한다. 이를 통해 여행자는 자신만을 위한 도시를 체험하게 된다(Jeong & Shin, 2020). 또한 빅데이터 분석은 교통 혼잡을 줄이고, 특정 명소의 방문을 분산시켜 쾌적한 환경을 유지한다.

증강현실(AR)과 가상현실(VR)은 도시 경험을 한층 더 몰입하게 만든다. 여행자는 AR를 통해 오래된 유적의 옛 모습을 눈앞에 겹쳐 보거나, VR를 통해 직접 방문하지 않고도 사전에 가상 투어를 즐길 수 있다. 이러한 기술은 단순한 정보 전달을 넘어, 감성적 몰입과 정서적 반응을 불러일으킨다. 즉 여행 경험은 단순히 '보는 것'에서 '느끼는 것'으로 확장되는 것이다.

사물인터넷(IoT)도 여행 경험 혁신에서 중요한 역할을 한다. 센서와 연결된 스마트 가로등, 실시간 교통 정보 제공, 공공 와이파이와 같은 인프라는 여행자에게 안정성과 편의성을 제공한다. 동시에 IoT로 수집된 데이터는 도시 관리자에게 교통 흐름, 환경오염, 에너지 사용 패턴에 대한 실시간 통찰을 제공해 지속 가능한 운영을 가능하게 한다.

무엇보다 이러한 기술들이 만들어 내는 가장 큰 변화는 개인화된 맞춤 체험이다. 스마트 관광 기술을 활용한 고객 경험 연구는 감각적 · 정서적 · 인지적 요소가 강화될수록 관광객 만족도와 도시 이미지는 더욱 긍정적으로 형성된다고 제시한다(Bussador et al., 2023). 다시 말해, 스마트 기술은 관광을 개인의 라이프스타일과 정체성에 맞춘 하나의 서사로 전환하는 매개체다.

스마트 관광 도시는 단순히 데이터를 처리하는 기술 집합이 아니라, 여행자의 체험을 변형시키는 힘을 지닌다. 예로 앱을 통해 붐비는 상권을 피해 한적한 골목으로 안내받는 순간, 여행자는 뜻밖의 거리 공연이나 소규모 전시를 마주할 수 있다. 이때 기술은 배경으로 물러나고, 우연히 마주한 감성적 체험이 여행의 주인공으로 떠오른다. 결과적으로 스마트 관광 도시는 평범한 도시 공간을 낯설고 특별한 무대로 바꿔 놓는다.

결국 스마트 관광 도시의 기술은 편리함과 혁신을 넘어, 여행자를 도시 이야기의 공동 저자로 만든다. 도시와 여행자는 데이터를 매개로 연결되고, 그 속에서 새로운 유형의 몰입 경험이 탄생한다. 이러한 변화는 여행자의 일상적인 동선을 새롭게 조직하며, 도시에 또 다른 차원을 부여한다.

데이터 기반 지속 가능성

스마트 관광 도시는 단순히 편리한 여행 경험을 제공하는 데 그치지 않는다. 동시에 지속 가능한 도시 관리 도구이기도 하다. 수많은 여행자가 몰려드는 도시에서 기술은 필수적인 관리 도구가 된다. 데이터를 기반으로 교통, 환경, 자원 배분을 조정하는 것은 도시의 안정성과 미래를 좌우한다.

특히 주목할 변화는 데이터 기반 의사 결정이다. IoT 센서와 모바일 애플리케이션은 여행자의 이동 경로, 체류 시간, 만족도 등을 실시간으로 수집한다. 이 데이터는 교통 혼잡 완화, 쓰레기 처리 효율화, 안전 관리 등에 활용된다. 예컨대, 대규모 인기 관광지에서는 IoT가 방문객 흐름을 분석해 과밀 지역을 분산시키고, 응급 상황

발생 시 빠른 대응을 가능하게 한다. 이러한 변화는 도시가 단순히 여행자를 수용하는 공간을 넘어, 스스로 학습하고 조정하는 '지능형 시스템'으로 발전하고 있음을 보여준다.

지속 가능성은 스마트 관광 도시의 또 다른 핵심이다. 스마트 인프라는 에너지 효율적인 조명, 친환경 교통수단, 스마트 그리드와 같은 기술을 통해 탄소 배출을 줄이고, 관광 도시의 탄소발자국을 최소화한다. 여행자가 체감하는 깨끗한 공기와 쾌적한 공간은 단순한 편의가 아니라, 미래 세대를 위한 투자이자, 여행자의 기억 속에서 도시 이미지를 형성하는 중요한 자산이 된다.

그러나 스마트 관광 도시는 동시에 새로운 위험과 과제를 안고 있다. 개인정보 수집과 활용은 여행자의 신뢰를 위협할 수 있고, 기술 접근성의 격차는 특정 집단을 소외시킬 위험이 있다. 또한 기술이 지나치게 일상과 체험을 지배하면, 여행자는 도시와 직접 교감하기보다 데이터에 의해 설계된 경험만을 소비하는 '피동적 존재'가 될 수 있다(Pasquinelli & Trunfio, 2023).

결국 스마트 관광 도시는 편리함과 윤리, 효율성과 지속 가능성 사이에서 균형을 찾아야 한다. 도시 관리자는 기술을 단순히 여행자를 끌어들이는 수단이 아니라, 지역 사회와 환경을 함께 고려하는 공공적 도구로 설계해야 한다. 그렇지 않다면 '스마트'라는 이름은 빛나지만, 그 내용은 비어 있는 껍데기에 불과할 것이다.

도시와 사람, 기술이 함께 만드는 무대

스마트 관광 도시는 단순히 기술을 접목한 관광지가 아니다. 데이터와 경험이 순환하며 새로운 도시성을 만들어가는 플랫폼이다. 여행자에게는 맞춤형 · 몰입형 경험을 제공하고, 도시에는 효율성과 지속 가능성이라는 과제를 동시에 안겨준다. 결국 스마트 관광 도시는 편리함과 윤리, 효율성과 지속 가능성 사이에서 균형을 모색하는 과정 속에서 진정한 가치를 드러낸다.

이러한 맥락에서 스마트 관광 도시는 여행자의 발길을 단순히 안내하는 공간이 아니라, 도시와 사람, 기술이 함께 새로운 이야기를 써 내려가는 무대로 자리매김한다. 따라서 스마트 관광 도시는 디지털 기술이 적용된 공간을 넘어 데이터와 인간 경험이 교차하며, 새로운 규칙을 만들어 내는 헤테로토피아로 기능한다.

참고문헌

Buhalis, D. & Amaranggana, A.(2015). Smart tourism

destinations enhancing tourism experience through personalisation of services. *Information and communication technologies in tourism 2015*, pp.377~389. Springer International Publishing.

Bussador, A. et al.(2023). DTI-BR model applied in Foz do Iguaçu, Brazil, for its transformation into a smart tourism destination. *Journal of Infrastructure, Policy and Development, 7*(2), 2152.

Gretzel, U. et al.(2015). Smart tourism: Foundations and developments. *Electronic Markets, 25*(3), pp.179~188.

Jeong, M. & Shin, H. H.(2020). Tourists' experiences with smart tourism technology at smart destinations and their behavior intentions. *Journal of Travel Research, 59*(8), pp.1464~1477.

Pasquinelli, C. & Trunfio, M.(2023). Blending technology-driven and social-driven innovation in smart tourism destinations. *Sustainability-oriented Innovation in Smart Tourism: Challenges and Pitfalls of Technology Deployment for Sustainable Destinations*, pp.15~61. Springer International Publishing.

02
디지털 관광지

디지털 관광지는 물리적 공간을 정밀하게 복제한 디지털 트윈을 기반으로 한다. 단순한 가상 모형이 아닌 실제 변화를 실시간으로 반영하는 동적 플랫폼이다. 도시는 다양한 데이터를 통합적으로 관리하며, 여행자는 맞춤형 정보로 더 안전하고 편리한 여행을 즐길 수 있다. 나아가 지속 가능한 관광을 위한 핵심 도구이며, 미래 여행은 디지털 트윈이 설계한 공간 속에서 경험될 것이다.

노래하는 AI 보컬?

디지털 트윈 개념

디지털 트윈(Digital Twin)은 현실의 공간이나 사물을 컴퓨터 속에 똑같이 옮겨 놓은 가상 복제본이라고 할 수 있다. 단순히 공간을 그려 놓는 것이 아니라, 실제에서 발생하는 변화를 실시간으로 반영해 가상공간에서도 똑같이 움직이도록 만든 기술이다. 처음에는 항공 우주나 제조업에서 활용되었지만, 지금은 센서, 사물인터넷, 빅데이터, 클라우드 컴퓨팅 등과 결합해 다양한 분야로 확대되고 있다(Ebert & Duarte, 2018). 그래서 단순한 시뮬레이션과 달리, 디지털 트윈은 끊임없이 업데이트되고 학습한다는 점이 특징이다.

디지털 트윈은 크게 대상, 모델, 시스템 등 세 가지 요소로 구성된다(Kraus et al., 2021). 첫째, 관광지, 건축물, 도시 공간 등과 같이 실제 존재하는 물리적 대상이다. 둘째, 이를 그대로 복제한 디지털 가상 모델이다. 셋째, 현실과 가상을 연결해 주는 데이터 피드백 시스템이다. 세 요소가 상호작용하면서 현실에서 생긴 변화가 바로 가상 모델에 반영되고, 가상에서 실행한 시뮬레이션 결과는 다시 현실의 관리와 의사 결정에 활용된다.

여행에 디지털 트윈을 적용하면 그 가치가 더 커진다. 예를 들어 기존 지도나 3D 모델은 단순히 공간을 보여주는 역할에 그쳤다. 하지만 디지털 트윈은 여행지의 혼잡도, 교통 상황, 환경 데이터를 실시간으로 반영한다. 덕분에 관광 정책 담당자는 자원 배분이나 시설 운영을 신속하게 결정할 수 있고, 여행자는 자신에게 맞춘 경로와 안전 정보, 몰입형 체험 등을 제공받을 수 있다.

결국 디지털 트윈은 여행지를 단순히 모델화하는 기술이 아니라, 현실과 가상이 끊임없이 상호작용하면서 여행 경험 자체를 새롭게 만들어 내는 핵심 기술이라 할 수 있다.

디지털 트윈과 공간 관리

여행지는 본질적으로 많은 사람이 한 공간에 모여드는 장소다. 이 때문에 혼잡 관리, 안전 확보, 환경 보전, 시설 운영이 언제나 중요한 과제로 제기된다. 과거에는 현장 모니터링이나 사후 통계를 통해 문제를 파악했다면, 디지털 트윈을 도입하면 이러한 관리가 실시간 데이터에 기반한 선제적 대응으로 전환된다.

특히 혼잡도와 교통 흐름 관리에 큰 도움이 된다. 여행자 이동 경로, 교통량, 주차장 이용 현황 등이 디지털 트윈에 반영되면 관리자는 예상되는 혼잡 구간을 사전에 파악할 수 있다. 그 결과를 안내판, 모바일 앱, 대중교통 연계 등을 통해 분산을 유도할 수 있으며, 이는 단순한 편의성 향상을 넘어 안전사고 예방과 지역 주민의 생활권 보호에도 기여한다.

이와 더불어 환경 모니터링과 지속 가능성 확보에도 효과적이다. 여행지 내 대기질, 소음, 쓰레기 발생량 등의 데이터를 센서로 수집해 디지털 트윈에 반영하면, 특정 지역의 과부하를 조기에 감지할 수 있다. 이를 통해 관리자는 즉각적인 대책을 시행할 수 있으며, 여행지의 생태적 부담을 최소화하고 장기적으로 지속 가능한 운영을 도모할 수 있다.

또한 시설 운영과 자원 배분 최적화에도 중요한 역할을 한다. 화장실, 식음료 매장, 안내소, 숙박 시설 등 관광 인프라의 이용 현황을 실시간으로 반영함으로써 관리자는 필요한 곳에 자원을 집중적으로 배치할 수 있다. 예컨대 특정 구역의 체류 인구가 급증하면 추가 인력을 빠르게 투입하거나 편의 시설을 확충할 수 있다. 이는 여행자의 만족도를 높이는 동시에 운영 비용 절감으로 이어진다.

결국 디지털 트윈은 여행지를 단순히 보여주는 기술을 넘어, 공간을 살아 있는 시스템으로 전환하는 관리 플랫폼으로 기능한다. 나아가 스마트 시티와 연계될 경우,

여행은 도시 전체의 교통 · 환경 · 안전 관리 체계와 통합되어 스마트 관광 생태계로 진화할 수 있다.

디지털 트윈과 여행자 경험 변화

디지털 트윈은 여행지를 운영하는 관리자뿐만 아니라 여행자 개인의 경험에도 직접적인 변화를 가져온다. 과거 여행자는 표지판이나 안내 책자, 가이드 설명에 의존했다면, 요즘 여행자는 다양한 디지털 플랫폼에 의존한다. 그중 디지털 트윈 기반 플랫폼은 개인화된 실시간 서비스를 통해 더 편리하고 안전하며 몰입적인 여행을 만들어준다.

무엇보다 맞춤형 정보 제공이 가능하다. 디지털 트윈은 교통 상황, 날씨, 시설 혼잡도 등 다양한 데이터를 실시간으로 반영해 여행자에게 최적의 경로와 활동을 제안한다(La, 2023). 예로 특정 전시관이 붐비면 다른 동선을 추천하고, 날씨가 나빠지면 실내 체험을 안내한다. 이를 통해 여행자는 보다 합리적이고 효율적인 선택을 할 수 있다.

또한 안전과 편의성 강화에도 큰 역할을 한다. 긴급 상황이 발생하면 디지털 트윈은 군중 흐름 데이터를 분석해 신속한 대피 경로를 제시한다. 장애인이나 고령자에게는 접근성 높은 이동 경로를 안내할 수도 있다. 여기에 주차 공간 안내, 대중교통 연계, 숙박 및 식음료 예약까지 통합 제공되면, 여행자는 집에서 목적지까지 원스톱으로 이어지는 여행을 원활하게 경험할 수 있다.

나아가 몰입 경험을 강화한다. 디지털 트윈은 단순히 정보를 제공하는 수준을 넘어, 여행자가 가상공간에서 사전 체험을 해 보고 실제 현장에서는 이를 토대로 경험을 확장하도록 돕는다. 여행자는 출발 전 스마트 기기를 통해 관광지를 미리 탐험해 보고, 현장에서 실제 체험과 연결하는 것이다. 이는 기존 VR · AR 시뮬레이션보다 현실 확장성이 높다는 점에서 차별된다(Guttentag, 2010).

결국 디지털 트윈은 여행자가 더 안전하고, 더 편리하며, 더 깊이 몰입할 수 있는 경험을 하도록 돕는 핵심 플랫폼이다. 이는 여행이 단순한 이동을 넘어, 데이터와 알고리즘에 의해 지속적으로 최적화되는 개인화된 여정으로 전환되고 있음을 보여준다. 나아가 디지털 트윈 여행지는 현실과 가상이 교차하는 이질적 공간으로 기능하며, 여행자가 동시에 두 곳에 존재하는 경험을 가능하게 하는 헤테로토피아의 시간성과 공간성을 모두 가지고 있다.

디지털 트윈의 한계와 미래

디지털 트윈은 여행지 관리와 여행자 경험을 혁신하는 핵심 기술이지만 데이터 표준화, 개인정보 보호, 기술 격차라는 과제가 남아 있다. 특히 개인정보 수집 및 활용 관련 윤리적 문제와 높은 구축 비용은 여전히 해결해야 할 과제로 제기된다(Kuštelega et al., 2024).

첫째, 데이터 표준화와 상호 운용성의 문제다. 여행지는 교통, 환경, 숙박, 문화 시설 등 다양한 데이터가 생성되는 복합 공간이다. 하지만, 기관마다 보유한 데이터 형식과 관리 방식이 달라 디지털 트윈으로 통합하기 어렵다. 데이터가 제대로 연결되지 않으면 실시간 관리와 맞춤형 서비스의 효과도 제한적일 수밖에 없다.

둘째, 개인정보 보호와 윤리적 문제다. 디지털 트윈은 여행자의 이동 경로, 소비 행태, 심지어 생체 데이터까지 수집 및 활용할 수 있다. 이 과정에서 개인정보 유출이나 상업적 오남용 가능성이 제기된다. 특히 맞춤형 서비스가 지나치게 강화되면, 여행자가 알고리즘에 과도하게 의존하게 되는 부작용도 발생할 수 있다.

셋째, 비용과 기술 격차다. 디지털 트윈은 고도화된 센서, 네트워크, 데이터 처리 인프라 등이 필요하여 초기 구축과 유지 비용이 높다. 이 때문에 대도시나 선진 여행지는 빠르게 도입할 수 있지만, 중소 도시나 개발도상국의 여행지는 도입에 어려움이 있어 지역 간의 격차가 심화될 수 있다.

그럼에도 불구하고 디지털 트윈의 미래는 밝다. 무엇보다 지속 가능한 관광을 지원하는 도구로 자리매김할 수 있다. 환경 부하를 실시간으로 감지해 자원 이용을 조절하고, 여행자를 분산시킴으로써 여행지의 장기적 보존에 기여할 수 있다. 또한 AI, IoT, 메타버스 등과의 융합으로 시너지 효과를 높일 수 있다. IoT로 다양한 분야의 세밀한 데이터를 생성하고, AI는 예측 분석을 고도화한다. 그리고 메타버스는 현실 관광과 가상 체험을 결합해 이중 경험을 실현할 수 있다(Dwivedi et al., 2022).

따라서 디지털 트윈은 미래 관광을 보다 안전하고, 지속 가능하며, 몰입 경험으로 발전시키는 핵심 인프라가 될 것이다.

여행지 관리와 여행 경험 혁신

디지털 관광지는 단순히 공간을 디지털로 재현하는 수준을 넘어, 여행지 관리와 여행 경험을 함께 혁신하는 플랫폼으로 자리매김하고 있다. 디지털 트윈은 여행지 운영자에게는 혼잡, 환경, 시설 등을 실시간으로 제어할 수 있는 상황을 제공하고, 여행자에게는 맞춤형 정보 습득과 몰입 경험을 가능하게 한다.

물론 데이터 표준화, 개인정보 보호, 기술 격차와 같은 한계가 여전히 남아 있다. 그러나 이러한 과제를 해결해 나간다면, 디지털 트윈은 미래 관광의 핵심 인프라로 발전할 것이다. 결국 디지털 관광지는 현실과 가상의 경계를 잇는 새로운 헤테로토피아로 기능하며, 지속 가능성과 혁신을 동시에 실현하는 관광의 새로운 패러다임을 제시할 것이다.

참고문헌

Dwivedi, Y. K. et al.(2022). Metaverse beyond the hype: Multidisciplinary perspectives on emerging challenges, opportunities, and agenda for research, practice and policy. *International Journal of Information Management, 66*, 102542.

Ebert, C. & Duarte, C. H. C.(2018). Digital transformation. *IEEE Software, 35*(4), pp.16~21.

Guttentag, D. A.(2010). Virtual reality: Applications and implications for tourism. *Tourism Management, 31*(5), pp.637~651.

Kraus, S. et al.(2021). Digital transformation: An overview of the current state of the art of research. *Sage Open, 11*(3), 21582440211047576.

Kuštelega, M. et al.(2024). Privacy and security challenges of the digital twin: systematic literature review. *Journal of Universal Computer Science (JUCS), 30*(13).

La, J.(2023). A digital twin concept to improve travellers 'door-to-door' travel experience. Doctoral dissertation MIT University.

03
AI 관광 교통

AI 관광 교통은 단순한 이동 수단이 아니라 새로운 여행 경험의 중심이다. AI는 빠른 길을 안내하는 동시에 낯선 골목과 시장 등 뜻밖의 발견 기회를 열어준다. 자율주행은 차량을 힐링의 공간으로 전환하며, 지속 가능성과 생태적 가치를 반영해 도시의 질서를 새롭게 구성한다. 교통은 효율을 넘어 헤테로토피아적 체험을 제공하며, 여행의 방식을 재구성한다.

인공지능과 편향?

AI가 열어 주는 새로운 동선

교통 기술의 핵심은 예측 능력이었다. 사람들은 빠른 길, 막히지 않는 길을 찾아 헤매며, 여행에서 가장 효율적인 동선을 그려왔다. AI는 이 예측 능력을 한 단계 끌어올렸다. 교통 데이터와 날씨 및 이벤트 정보까지 통합적으로 분석해 어느 길이 혼잡할지, 어느 길이 여유로운지를 알려준다(Abduljabbar et al., 2019).

그러나 이 기술의 진정한 가치는 단순히 시간을 단축하는 데 있지 않다. AI는 닫혀 있던 또 다른 길을 열어주는 탐험 가이드가 된다. 예로 한 여행자가 부산을 방문했을 때, AI 기반 교통 앱은 단순히 가장 빠른 길을 안내하지 않고, 특정 시간대에 막히는 광안대교가 아닌 비교적 한산한 인근 도로를 추천한다. 이 경로를 따라가던 여행자는 뜻밖에 광안대교와 어우러진 노을을 보고, 풍경에 감탄한다. 이처럼 AI 기반 교통 알고리즘은 효율적 이동을 가능하게 할 뿐 아니라, 때때로 새로운 경로와 경험을 열어주며 예기치 못한 우연성을 만들어 낸다(Iyer, 2021). 즉, AI는 도시 경험 자체를 재구성할 수 있다.

이 과정에서 AI 관광 교통은 헤테로토피아적 성격을 띤다. 일상적인 도로와 신호의 질서 속에서도 AI가 제시한 경로는 다른 규칙과 시간성을 열어준다. 평소에는 막혀 있거나 주목받지 못했던 길이 기술을 통해 새롭게 드러난다. 길은 A에서 B로 이어지는 단순한 통로가 아니라, 현실과 다른 질서가 공존하는 공간으로 재탄생한다.

따라서 AI 관광 교통의 핵심은 속도의 경쟁이 아니다. 그것은 길을 다시 발견하게 하는 힘, 즉 여행자를 익숙한 질서에서 벗어나 낯선 경험 속으로 이끄는 능력에 있다. 교통이 단순한 경로 탐색을 넘어 다른 세계로의 진입을 가능하게 할 때, 우리는 그 길 위에서 헤테로토피아를 체험하게 된다.

이동의 재구성: 안전·힐링의 공간

여행에서 자동차는 단순히 이동 수단이 아니다. 특히 AI가 접목된 자동차는 여행자 안전과 힐링이라는 새로운 가치를 더한다. 자율주행차와 스마트 센서는 교통사고 예방에 머물지 않고, 차량 내부를 갇혀 있는 공간에서 안심하고 휴식의 공간으로 바꾼다. 이동 자체가 하나의 힐링 경험으로 전환되는 것이다.

지능형 교통 체계는 보행자와 운전자 안전까지 아우르며, 설계 단계에서부터 안전성을 핵심 요소로 삼는다. 자율주행차의 도입은 피로 운전이나 돌발 상황을 줄여, 여행자의 신체적 · 정신적 안정성을 강화한다(Fagnant

& Kockelman, 2015; Yeong et al., 2021). 또한 AI 기반 교통 모니터링은 차량 내부 센서와 외부 인프라를 연결해 위험을 사전에 감지하고 대응할 수 있도록 한다.

이처럼 자동차는 단순히 목적지로 향하는 수단이 아니라, 이동 중에 안전과 힐링을 제공하는 새로운 생활공간이 된다. 헤테로토피아 관점에서 보면, 교통수단은 일상의 공간 질서와 다른 규칙이 작동하는 이질적 공간을 형성한다. 이동 중임에도 여행자는 오히려 정착된 안전을 경험하게 되는 것이다. 결국 AI 관광 교통은 도로 위에 또 다른 질서를 세우며, 안전이라는 감각을 새로운 여행 경험으로 전환한다.

우회 속에서 만나는 낯선 체험

여행에서 가장 특별한 순간은 계획하지 않았던 장소에서 새로운 만남을 갖는 것이다. AI 관광 교통은 데이터를 분석해 가장 원활한 경로를 안내하지만, 아이러니하게도 이 과정에서 우연한 만남의 가능성을 열어준다. 예측 알고리즘이 제안한 우회로가 여행자를 새로운 골목길, 전통 시장, 혹은 뜻밖의 축제 현장으로 이끌 수 있기 때문이다.

한 여행자가 서울을 여행하던 중 앱에서 혼잡도를 확

인하고, 추천한 우회로를 따라간다. 그러다 우연히 한국의 정취를 느낄 수 있는 전통 시장과 작은 공방이 늘어선 골목에 들어서게 된다. 마침, 골목에서는 축제가 한창이다. 축제를 즐기며 주민들과 자연스럽게 어울리게 된다. 이는 단순한 이동이 지역의 생활 문화와 맞닿는 경험으로 전환되는 순간이다.

즉, 여행자는 예상치 못한 길에서 낯선 풍경을 마주하며, 효율적 이동 속에서도 발견의 기쁨을 경험한다. 이는 기존의 질서와는 다른 규칙이 작동하는 헤테로토피아다(Iyer, 2021). 알고리즘이 설계한 경로 속에서도, 인간적 체험은 언제나 예기치 않은 요소를 품는다. 그리고 이 우연은 여행을 더욱 풍요롭게 만든다. 결국 AI 관광 교통은 이동의 효율성을 넘어, 우연성과 발견을 공간적으로 구현하는 체험을 제공한다.

지속 가능한 교통의 새 질서

교통은 도시 생태계의 핵심 축이다. 그러나 교통량의 증가와 차량 배출은 오랫동안 환경오염과 기후 위기를 심화시켜 왔다. 지능형 교통 체계는 AI 기반 신호 제어와 경로 최적화로 불필요한 정체를 줄여 연료 소비와 탄소 배출을 감소시킨다(Akhtar & Moridpour, 2021). 이는 여행자의 편의를 넘어, 환경적 지속 가능성을 구현하는 방식이다. 교통 운영과 물류 흐름을 통합해 에너지 사용을 최적화한다.

AI 관광 교통이 만들어 내는 생태적 질서는, 곧 헤테로토피아적 질서의 구현이다. 교통은 더 이상 도시를 오염시키는 문제가 아니라, 지속 가능한 미래를 설계하는 장치로 자리 잡는다. 여행자는 이동하면서 동시에 환경 보존에 참여하게 되며, 교통 경험은 곧 생태적 책임과 결합된 새로운 체험으로 확장된다.

길 위의 헤테로토피아

AI 관광 교통은 단순한 기술의 진보가 아니다. 그것은 도시와 여행 경험을 다시 쓰는 거대한 서사의 일부다. AI는 예측과 경로 안내를 통해 여행자에게 익숙한 길 너머의 또 다른 길을 열어주고, 자율주행과 센서 시스템은 이동 그 자체를 안전과 힐링의 경험으로 바꾼다. 나아가 데이터 기반의 연결망은 효율성만을 추구하지 않고, 예상치 못한 우연과 발견의 순간을 가능하게 한다. 이 우연성은 여행의 본질인 설렘을 되살리며, 알고리즘이 계산한 이동 속에서도 인간적 감성이 여전히 살아 있음을 보여준다.

또한 도시를 지속 가능한 생태 질서로 전환한다. AI 기반 신호 제어와 경로 최적화를 통한 에너지 절감, 탄소 배출 감소, 교통 혼잡 완화 등은 단순한 기술적 성과가 아니라, 도시와 자연이 공존하는 새로운 생활 세계를 설계하는 시도다(Iyer, 2021). 교통은 오염과 소모의 상징에서 벗어나, 미래 세대와 공유할 수 있는 친환경적 유산으로 의미를 바꿔 간다.

이 모든 과정에서 AI 관광 교통은 시간과 감정이 데이터로 조직되는 길 위의 헤테로토피아를 만든다. 일상적 도시 질서 속에서 새로운 시간성, 새로운 관계망, 새로운 공간을 열어주며, 그 자체로 여행의 경험을 재편한다. 따라서 AI 관광 교통은 효율과 속도의 경쟁을 넘어, 여행을 다시 쓰고 도시를 새롭게 체험하게 하는 미래의 헤테로토피아라 할 수 있다.

참고문헌

Abduljabbar, R. et al.(2019). Applications of Artificial Intelligence in transport: An overview. *Sustainability, 11*(1), 189.

Akhtar, M. & Moridpour, S.(2021). A review of traffic congestion prediction using artificial intelligence. *Journal of Advanced Transportation, 2021*(1), 8878011.

Fagnant, D. J. & Kockelman, K.(2015). Preparing a nation for autonomous vehicles: Opportunities, barriers and policy recommendations. *Transportation Research Part A: Policy and Practice, 77*, pp.167~181.

Iyer, L. S.(2021). AI enabled applications towards intelligent transportation. *Transportation Engineering, 5*, 100083.

Yeong, D. J. et al.(2021). Sensor and sensor fusion technology in autonomous vehicles: A review. *Sensors, 21*(6), 2140.

04

디지털 헤테로토피아

여행은 물리적 이동을 넘어 VR · AR 등 첨단 기술이 만든 디지털 헤테로토피아에서 확장된다. 여행자는 고대 도시를 거닐고, 사라진 유적을 복원하며, 현실과 가상이 교차하는 풍경을 체험하는 등 감각 · 시간 · 기억이 확장된 경험을 누린다. 개인정보 보호와 접근 격차 같은 새로운 윤리적 과제도 제기되지만, 궁극적으로는 여행 과정을 다층적 이야기로 바꾼다.

청각장애인과 AI?

디지털 헤테로토피아와 몰입 경험

헤테로토피아는 본래 현실 안에 존재하지만 일상의 규칙과는 다른 질서를 보여주는 대안적 공간이다. 디지털 사회에서 헤테로토피아는 디지털 기술과 결합하여 새로운 차원으로 확장되고 있다. 가상현실(VR), 증강현실(AR) 등과 같은 몰입 기술은 물리적 장소 위에 또 다른 층위를 겹쳐 놓음으로써, 여행자를 단순한 방문자가 아닌 현실과 가상을 동시에 살아가는 체험자로 바꾼다(Buhalis & Amaranggana, 2015)

VR는 여행자를 물리적 접근이 어려운 공간으로 이끈다(Guttentag, 2010). 고대 로마 원형 경기장의 웅장한 경기 장면을 재현하거나, 사라진 문화유산을 되살려 보여주는 VR 콘텐츠는 시간과 공간의 제약을 넘어서는 여행을 가능케 한다. AR는 현존하는 관광지 위에 가상 이미지를 덧입혀 새로운 의미를 부여한다(Jung et al., 2015). 유적지에 스마트폰을 비추면 사라진 건축물이 눈앞에 복원되고, 가이드 앱은 역사적 맥락을 실시간으로 제공한다.

이러한 몰입 경험은 단순히 감각을 자극하는 데 그치지 않는다. AR · VR 체험으로 여행자는 정서적 반응과 몰입 수준을 높이고, 더 강렬한 기억을 형성한다. 여행은 더 이상 현장에서 사진을 찍고 돌아오는 행위가 아니라, 감각과 기억을 설계하는 과정으로 전환되고 있다.

디지털 헤테로토피아는 현실과 가상 사이의 경계 자체를 여행의 일부로 만든다. 여행자는 어느 순간 현실 세계를 경험하면서도, 동시에 가상 세계에 빠져든다. 이러한 이중 현실 속에서 여행자는 낯설지만 매혹적인 세계를 탐험하며, 새로운 형태의 자아와 장소 정체성을 발견한다. 이는 헤테로토피아가 가진 본래의 성격인 현실을 비추는 거울이자 대안적 세계를 제시하는 공간을 디지털 기술이 극적으로 구현하는 장면이라 할 수 있다.

여정과 디지털 헤테로토피아

여행은 단순한 순간의 체험이 아니라, 사전 준비→현장 경험→사후 기억으로 이어지는 연속적인 여정이다. 디지털 헤테로토피아는 이 세 단계 전반에 걸쳐 새로운 차원의 변화를 불러온다.

사전 준비 단계에서 AR와 VR는 여행지 선택과 계획 방식을 근본적으로 변하게 했다. VR 기반 투어는 목적지 탐색 방식을 바꾸고, AR 기반 지도는 동선을 가상으로 체험하게 한다. 이는 체험 후 결정하는 여행으로 전환한다(McLean & Barhorst, 2022). 한 여행자는 VR 기기를 착용하고 스위스 알프스의 하이킹 코스를 미리 걸어보며 실제 난이도를 가늠해 본다. 다른 여행자는 스마트폰 AR 앱을 통해 교토의 골목길을 가상으로 탐색하며, 사찰과 전통 찻집이 어떻게 연결되는지 경험한 뒤 실제 여행 동선을 짠다. 이처럼 AR · VR 기반 체험은 여행 전부터 '현장감 있는 의사 결정'을 가능하게 하는 도구가 되고 있다.

현장 경험 단계에서 몰입 기술은 문화유산의 이해를 확장한다. AR는 사라진 건축물을 복원하고, MR는 현실과 가상을 결합해 스토리텔링을 강화한다(Tussyadiah et al., 2018). 예컨대 경주의 불국사를 찾은 여행자는 스마트폰을 통해 복원된 8세기 목조 건축의 웅장한 모습을 볼 수 있다. 실제 석탑과 함께 겹쳐지는 가상의 이미지는 단순한 관람을 넘어 시간 여행을 하는 듯한 몰입을 제공한다. 또한 로마의 콜로세움에서는 MR 안경을 통해 검투사들의 경기 장면을 가상으로 체험하면서, 역사적 맥락을 입체적으로 이해할 수 있다. 이처럼 AR와 MR는 과거의 흔적을 현재의 감각과 접목해, 장소 경험을 새로운 차원으로 확장시킨다.

사후 기억 단계에서는 디지털 플랫폼이 새로운 이야기를 제공한다. 디지털 플랫폼이 여행 데이터를 재현하고 공유할 수 있게 해, 여행을 단편적인 이야기에서 단편적인 이야기가 연결되어 새로운 이야기로 확장한다 (Loureiro et al., 2020). 예를 들어 파리를 다녀온 여행자가 촬영한 사진과 GPS 데이터, SNS에 기록한 짧은 글이 클라우드 기반 플랫폼에서 자동으로 정리된다. 플랫폼은 여행자가 특정 루브르 전시실에서 머문 시간, 인근 카페에서의 리뷰, 방문했던 골목길의 위치 정보를 연계해 "나만의 여행 다이어리"로 재구성한다. 다른 사용자들과 공유할 때는 AI가 자동으로 음악과 영상 효과를 입혀 하이라이트 영상을 제작해 주기도 한다. 이 과정에서 여행은 단순한 기록을 넘어, 개인적 기억과 사회적 공유가 결합된 새로운 이야기로 다시 태어난다.

이처럼 여행자 여정 전반에서 디지털 헤테로토피아는 경험의 질과 깊이를 강화한다. 여행은 물리적 공간을 이동하는 행위에서 벗어나, 디지털 층위가 덧입혀진 복합적 체험으로 진화하고 있는 것이다.

메타버스와 디지털 헤테로토피아

디지털 헤테로토피아가 보여주는 또 다른 무대는 바로 메타버스다. 메타버스는 현실과 가상이 지속적으로 연결되는 공유 디지털 공간으로 여행자는 현실과 가상을 자유롭게 오가며 새로운 형태의 존재 방식으로 살아간다. 이는 단순한 VR · AR 체험을 넘어, 전 세계 이용자와 동시에 같은 공간을 경험하며 글로벌 상호작용을 가능케 한다(Loureiro et al., 2020).

그러나 상업적 플랫폼 종속, 장소성 약화, 가상 재화의 소유권 문제는 해결해야 할 과제다. 상업적 플랫폼에 종속될 경우, 여행지는 특정 기업의 알고리즘과 규칙으로 재구성될 위험이 있다. 그리고 가상공간의 몰입도가 지나치게 높아지면, 현실 장소성이 약해지고 지역 공동체가 소외될 수 있다. 또한 메타버스에서 생성되는 가상 재화와 경험의 소유권 문제는 여행의 공공성과 연결되며, 새로운 법적 · 윤리적 논쟁을 불러온다.

그럼에도 불구하고 메타버스는 디지털 헤테로토피아의 확장을 위해서 매우 중요한 요소 중 하나다. 물리적 한계를 넘어선 체험, 문화유산의 보존과 재현, 환경적 부담을 줄이는 비대면 여행은 모두 메타버스가 제공할 수 있는 가능성이다. 중요한 것은 이 공간을 어떻게 설계하고, 누구와 공유하며, 어떤 규칙을 세울 것인가에 달려 있다.

궁극적으로 메타버스와 디지털 헤테로토피아는 여행을 현실의 대체가 아닌 현실의 확장으로 만들고 있다. 미래의 여행은 장소와 시간의 제약을 넘어, 현실과 가상이 중첩된 끝없는 경계의 탐험으로 거듭날 것이다.

디지털 헤테로토피아의 과제

디지털 헤테로토피아는 여행을 풍부하게 만들지만, 동시에 사회적 · 윤리적 문제를 드러낸다. 현실과 가상의 경계가 흐려질수록 새로운 위험과 책임 문제가 부상하기 때문이다.

가장 큰 우려는 개인정보와 데이터 보안이다. VR 기기, AR 애플리케이션 등은 여행자의 위치, 시선, 심지어 생체 반응까지 수집한다. 이러한 데이터는 맞춤형 경험을 설계하는 핵심 자원이지만, 동시에 유출이나 오남용의 위험을 내포한다. 여행자가 기술에 깊이 몰입할수록, 그들의 개인정보 역시 더 민감하게 노출된다.

기술 의존성과 접근성의 불평등은 디지털 헤테로토피아의 양날의 검이다. 첨단 기기를 활용할 수 있는 사람만이 몰입 경험에 참여할 수 있다면, 여행은 모두에게 열려 있는 보편적 권리가 아니라 특정 계층의 특권으로 전락할 수 있다. 이는 디지털 격차라는 오래된 사회적 문제가 새로운 형태로 재현되는 것이다.

현실과 가상이 교차할 때 문화적 · 윤리적 경계의 모

호성도 문제다. 가상 세계에서 구현된 문화유산이 원형을 왜곡하거나, 상업적 목적에 따라 과장될 경우, 여행자는 실제 역사와 전통을 잘못 이해할 수 있다. 이는 단순한 기술적 문제가 아니라, 문화 정체성과 집단 기억을 어떻게 다룰 것인가라는 윤리적 질문으로 이어진다.

이처럼 디지털 헤테로토피아는 기술 혁신의 무대이자, 사회적 합의와 윤리적 성찰을 요구하는 공간이다. 따라서 윤리적 기준과 사회적 규범이 마련되지 않는다면, 몰입 경험은 오히려 관광의 신뢰성을 약화하고, 배제와 왜곡을 심화시킬 수 있다.

가상과 현실이 중첩된 경계 공간

디지털 헤테로토피아는 여행의 미래를 상징하는 개념이다. VR, AR, 그리고 메타버스와 같은 몰입 기술은 여행을 단순한 물리적 이동에서 감각 · 시간 · 기억이 겹쳐지는 다층적 경험으로 확장시킨다. 여행자는 더 이상 단순한 방문자가 아니라, 현실과 가상을 동시에 살아가는 참여자가 된다.

그러나 이 공간은 새로운 가능성과 함께 윤리적 · 사회적 과제를 드러낸다. 개인정보 보호, 디지털 격차, 문화유산의 왜곡 문제는 디지털 헤테로토피아가 넘어야 할 숙제다.

궁극적으로 디지털 헤테로토피아는 여행을 '현실의 대체'가 아닌 '현실의 확장'으로 만들고, 여행의 포용성과 지속 가능성을 강화할 수 있다. 결국 미래 여행은 물리적 장소에 머물지 않고, 가상과 현실이 중첩된 경계에서 새로운 이야기를 써 내려가는 창조적 경험이 될 것이다. 여행 미래는 바로 이 경계 공간인 디지털 헤테로토피아에서 탄생하는 가능성 속에 있다.

참고문헌

Buhalis, D. & Amaranggana, A.(2015). Smart tourism destinations enhancing tourism experience through personalisation of services. *Information and communication technologies in tourism 2015*, pp.377~389. Springer International Publishing.

Guttentag, D. A.(2010). Virtual reality: Applications and implications for tourism. *Tourism Management, 31*(5), pp.637~651.

Jung, T. et al.(2015). The determinants of recommendations to use augmented reality technologies: The case of a Korean theme park. *Tourism Management, 49*, pp.75~86.

Loureiro, S. M. C. et al.(2020). 20 years of research on virtual reality and augmented reality in tourism context: A text-mining approach. *Tourism Management, 77*, 104028.

McLean, G. & Barhorst, J. B.(2022). Living the experience before you go, but did it meet expectations? The role of virtual reality during hotel bookings. *Journal of Travel Research, 61*(6), pp.1233~1251.

Tussyadiah, I. P. et al.(2018). Virtual reality, presence, and attitude change: Empirical evidence from tourism. *Tourism Management, 66*, pp.140~154.

05
헤테로토피아적 축제

축제는 사람들의 일상을 멈추고, 다른 세계로 이끄는 헤테로토피아다. 오늘날 축제는 인공지능과 결합해 단순 오락을 넘어 몰입의 장으로 진화한다. 참여자는 더 이상 무대를 바라보는 수동적 존재가 아니라 직접 참여해 경험하는 주체가 된다. 궁극적으로 축제는 지역 사회와 여행자를 새로운 관계로 잇고, 현실과 가상이 교차하는 경계에서 사회적 변화를 이끄는 공간으로 기능한다.

AI 콘텐츠 크리에이터?

축제와 지역 사회

축제는 일상 공간을 비일상 공간으로 바꾸며, 지역 사회와 여행자가 기존 질서에서 벗어나 새로운 관계와 감성을 경험하도록 이끄는 특별한 무대다. 축제 현장은 놀이와 예술, 기술과 일상이 교차하는 공간으로서 참여자에게는 현실의 틀을 넘어선 상상과 몰입을, 지역 사회에는 새로운 활력과 변화를 제공한다. 따라서 축제는 단순히 즐거움을 넘어 사회적 상상력을 확장하는 통로가 된다.

축제는 지역 사회에 경제적 · 문화적 파급 효과를 남긴다. 축제에 참여한 여행자들은 숙박 · 음식 · 교통을 이용하며, 지역 경제를 활성화한다. 그러나 더 중요한 것은 축제를 통해 지역의 역사와 전통, 정체성이 새롭게 조명되고 재해석된다는 점이다. 이는 지역 주민들에게 자부심과 소속감을 심어주며, 여행자에게는 차별화된 경험을 제공한다.

그리고 사회적 관계망을 재구성한다. 참여자들은 국적 · 지역 · 연령 등 일상의 경계를 넘어 같은 무대에서 어울리고 소통한다. 이 과정에서 축제는 비록 일시적이지만 강력한 사회적 자본을 형성하며 이는 헤테로토피아가 가진 본래 힘, 곧 사회를 잠시 다른 방식으로 조직하는 힘을 보여준다(Hetherington, 2002; Wilks &

Quinn, 2016).

결국 헤테로토피아적 축제는 오늘의 사회를 비추는 거울이자 내일의 사회를 모색하는 무대다. 그 속에서 여행자와 지역 사회는 새로운 규칙을 경험하고, 다시 현실로 돌아와 세상을 새롭게 바라본다. 축제는 그렇게 사회 변화를 이끄는 창조적 에너지로 자리매김한다.

축제 속 헤테로토피아

축제는 언제나 도시와 사회의 일상적 질서를 잠시 멈추게 한다. 광장은 무대가 되고, 익숙한 거리는 낯선 리듬과 규칙으로 채워진다. 헤테로토피아가 일상의 규범을 해체하고 다른 질서를 드러내는 대안적 공간이라면, 축제야말로 이 개념을 가장 선명하게 구현하는 사례다.

축제 공간의 핵심은 일시적 전환에 있다. 평소 단조로운 거리와 광장은 축제 기간 동안 빛과 음악, 퍼포먼스로 가득한 특별한 공간으로 바뀐다. 이곳에서 여행자는 단순히 구경꾼이 아니라 참여자가 된다. 춤을 추고, 가면을 쓰며, 퍼레이드에 합류하는 순간, 그는 현실의 규칙을 잠시 벗어나 새로운 사회적 질서를 살아가는 존재가 된다.

현대 축제에서는 이러한 헤테로토피아적 성격이 예술

과 기술, 놀이의 결합을 통해 더욱 강화된다. 미디어 아트 전시, AR를 활용한 거리 퍼포먼스, VR 체험관 등은 축제 공간을 몰입적 체험의 무대로 확장한다(Sebata & Mollah, 2022; Semwal et al., 2024). 축제는 소비되는 이벤트가 아니라, 참여자가 직접 경험을 창조하는 장으로 바뀌는 것이다.

또한 축제 속 헤테로토피아는 지역 사회와 여행자를 연결하는 매개로 작동한다. 지역 주민은 자신들의 전통과 이야기를 새로운 방식으로 표현하고, 여행자는 이를 통해 일상과는 다른 사회적 맥락을 체험한다. 결국 축제는 공유된 상상과 상호작용의 장으로 확장된다.

따라서 축제는 단순히 즐기는 자리가 아니라, 사회의 규칙을 잠시 바꾸고 새로운 질서를 체험하는 체험적 헤테로토피아다. 이 속에서 사람들은 일상의 틀을 벗어나 다른 사회를 경험하고, 다시 일상으로 돌아와 새로운 시선으로 일상을 바라보게 된다.

몰입 경험과 자기 발견

축제의 가장 큰 매력은 단순한 관람이 아니라 몰입 경험에 있다. 여행자는 공연을 바라보는 구경꾼이 아니라, 퍼레이드에 합류하고, 부스에서 체험하며, 게임에 참여하면서 축제의 일부가 된다. 이러한 몰입은 여행자로 하여금 평소와는 다른 자신을 느끼게 하고, 일상에서는 경험할 수 없는 자기 발견의 기회를 제공한다.

헤테로토피아적 축제는 기술을 활용해 몰입 경험을 더욱 심화시킨다. VR · AR 체험은 참가자에게 현실에서는 존재하지 않는 세계를 직접 살아보는 기회를 제공하여 참여자의 감각적 몰입을 강화하고, 더 높은 만족감과 학습 효과를 이끈다. 게임화(Gamification)는 여행자를 단순한 소비자가 아닌 능동적 플레이어로 전환시킨다. 즉, 헤테로토피아적 축제는 단순한 엔터테인먼트를 넘어 학습과 자기 발견의 무대가 된다.

몰입 경험은 나아가 사람으로 하여금 자신을 새로운 방식으로 바라보게 한다. 축제에서 가면을 쓰거나 캐릭터를 연기하는 행위는 일상의 자아를 잠시 내려놓고, 또 다른 자아를 탐험할 기회를 제공한다. 이는 헤테로토피아의 본질, 즉 자신이 속한 기존 질서를 벗어나 다른 질서를 살아보는 경험과 맞닿아 있다. 여행자는 축제를 통해 자신을 다시 발견하고, 새로운 시각을 품은 채 일상으로 복귀한다.

미래의 헤테로토피아적 축제는 과학 · 예술 · 관광을 잇는 융합 플랫폼으로 발전할 것이다. AI, VR, AR, 메타버스 같은 몰입 기술은 축제를 더 몰입적이고 확장된 경험으로 만들며, 단순한 즐거움을 넘어 사회적 담론을 형성하고 지속 가능성을 탐구하는 장으로 만든다.

결국 이러한 몰입 경험은 축제를 소비되는 이벤트에서 창조되는 이야기로 바꾼다. 여행자가 직접 축제의 일부가 되어 서사를 만들어가는 순간, 축제는 단순한 문화행사가 아니라 참여자와 공간이 함께 구성하는 살아 있는 헤테로토피아가 된다.

AI와 개인 맞춤형 상호작용

헤테로토피아적 축제는 단순한 예술적 무대를 넘어, 기술과 인간의 상호작용이 매우 중요하다. 특히 AI의 도입은 참여자 경험을 혁신하는 동시에 신뢰와 윤리라는 새로운 문제를 제기한다.

AI는 축제 현장에서 개인 맞춤형 상호작용을 가능하게 한다. AI는 참여자의 반응 데이터를 분석해 공연을 실시간으로 조정하거나, 다국어 번역 시스템을 활용해 글로벌 여행자와 소통한다. 그러나 이 과정에서 참여자의 개인정보가 수집 · 분석된다는 점은 언제나 윤리적 문제를 동반한다(Ryan, 2020). 참여자는 풍부한 체험을 얻는 동시에, 자신이 어떤 데이터를 제공했는지 명확히 알기 어렵다.

그리고 설명 가능한 인공지능의 필요성이 강조된다. AI가 내놓는 결정이나 추천이 불투명하다면 참여자는 AI의 결정이나 추천을 온전히 신뢰하기 어렵다. 최근 연구들은 AI가 단순히 기술적 도구가 아니라 사회적 협력자로 받아들여지기 위해서는 그 과정과 결과가 투명하게 설명되어야 한다고 강조한다(Leichtmann et al., 2024; Shulner-Tal et al., 2025).

또한 AI의 개입은 축제의 정체성에도 영향을 미친다. 축제의 본질은 자발성과 예측 불가능성에 있는데 AI가 모든 흐름을 예측하고 조율한다면, 이러한 자율성과 우발성이 약화될 수 있다. 따라서 AI는 인간의 창의성을 대체하는 존재가 아니라, 상호작용을 원활하게 하는 조력자의 역할을 해야 한다.

결국 헤테로토피아적 축제는 AI를 통해 몰입적이고 맞춤화된 경험을 제공하면서도, 신뢰와 윤리라는 기본 가치를 지켜야 한다. 그렇지 않다면 축제는 기술적 놀라움만 남기고, 사회적 신뢰를 잃은 공간으로 전락할 위험이 있다.

새로운 질서 탐색하는 창조적 공간

헤테로토피아적 축제는 단순한 문화 행사가 아니라, 일상을 잠시 멈추고 새로운 질서를 탐색하는 창조적 공간이다. 축제 속에서 참여자는 단순한 관람자를 넘어 몰입적 참여자가 되며, AI · VR · AR 같은 기술은 그 경험을 더욱 깊고 다층적으로 확장한다. 그러나 문화적 왜곡, 개인정보 보호, AI의 투명성 등과 같은 과제도 공존한다.

그럼에도 헤테로토피아적 축제는 지역 사회와 여행자를 연결하여 순간적이지만 강력한 공동체를 형성시키고, 이를 통해 사회적 자본을 축적한다. 또한 지역 사회의 경제적 · 문화적 활력을 불어넣으며, 사회적 상상력을 확장하는 힘을 지닌다.

미래의 헤테로토피아적 축제는 예술과 관광, 과학과 기술을 아우르며 사회 변화를 이끄는 창조적 무대로 발전할 것이다. 결국 헤테로토피아적 축제는 현실을 비추는 거울이자, 새로운 가능성을 탐색하는 장으로서, 여행과 지역 사회의 미래를 재구성하는 핵심 플랫폼이 된다.

참고문헌

Hetherington, K.(2002). *The Badlands of Modernity: Heterotopia and Social Ordering*. Routledge.

Leichtmann, B. et al.(2024). Explainable artificial intelligence improves human decision-making: Results from a mushroom picking experiment at a public art festival. *International Journal of Human – Computer Interaction, 40*(17), pp.4787～4804.

Ryan, M.(2020). In AI we trust: Ethics, artificial intelligence, and reliability. *Science and Engineering Ethics, 26*(5), pp.2749～2767.

Sebata, E. & Mollah, M. R. A.(2022). Technology application in tourism festivals in Asia: Theoretical discussions. *Technology application in tourism fairs, festivals and events in Asia*, pp.25～39. Springer.

Semwal, R. et al.(2024). Reviving narratives: Virtual reality and historical reconstruction in tourism. *Dimensions of regenerative practices in tourism and hospitality*, pp.269～284. IGI Global.

Shulner-Tal, A. et al.(2025). Who made that decision and why? Users' perceptions of human versus AI decision-making and the power of explainable-AI. *International Journal of Human – Computer Interaction, 41*(7), pp.4230～4247.

Wilks, L. & Quinn, B.(2016). Linking social capital, cultural capital and heterotopia at the folk festival. *Journal of Comparative Research in Anthropology and Sociology, 7*(1), pp.23～39.

06
AI 추천 서비스

AI 추천 서비스는 여행자의 취향과 맥락을 반영해 효율적 안내를 넘어 나만의 여정을 설계하고, 감성과 경험을 함께 만든다. 데이터 수집과 편향은 신뢰성 문제로 남지만, 투명성과 자율성을 보장할 때, AI 추천은 단순한 길잡이가 아니라 예상치 못한 발견을 여는 동반자가 된다. 이를 통해 여행은 기존 질서에서 벗어나 헤테로토피아를 경험하는 과정으로 확장된다.

AI와 민주주의?

기존 추천 시스템의 한계

협업 필터링(Collaborative Filtering), 콘텐츠 기반 추천(Content-Based Recommendation) 등 기존 추천 시스템은 단순히 다른 사람이 선호한 장소를 제안하는 수준으로 여행자의 과거 행동과 선호 데이터를 분석해 맞춤형 경로와 목적지를 제시한다. 이 과정에서 데이터 희소성(sparsity)과 콜드 스타트(cold start)라는 구조적 한계가 발생한다.

데이터 희소성은 이용자 수에 비해 평가나 기록된 데이터가 부족해 추천의 신뢰성이 떨어지는 문제이며, 신규 이용자나 신규 관광지의 경우 콜드 스타트로 인해 추천이 어려워진다(Noorian et al., 2022; Wahab et al., 2022)

콜드 스타트는 새로운 상황이나 장소에서 발생한다. 신규 이용자는 과거 데이터가 충분치 않아 개인화된 추천을 받기 어렵고, 새롭게 개장한 관광지는 기존 데이터세트에 포함되지 않아 추천 목록에서 누락되는 경우가 많다. 이는 관광 분야에서 특히 치명적인데, 지역 축제나 신규 관광지는 홍보와 초기 유입이 중요한 시기임에도 불구하고, 추천 시스템의 한계로 인해 충분히 노출되지 못하기 때문이다.

이를 해결하기 위한 방안으로 하이브리드 추천이 주목받고 있다. 협업 필터링과 콘텐츠 기반 추천을 결합하거나, 딥러닝 기반 언어 모델을 활용해 부족한 데이터를 보완하는 방법이다. 특히 BERT 기반 하이브리드 모델은 인구통계학적 정보와 맥락 데이터를 함께 반영해 새롭게 등록된 관광지나 신규 사용자에게도 정교한 추천을 제공한다(Noorian, 2024).

AI 추천 서비스의 진화

여행 추천 시스템의 새로운 전환점은 AI 알고리즘과 자연어 처리(NLP)의 결합이다. 이는 단순히 '누가, 언제, 어디서'라는 맥락을 반영하는 수준을 넘어, 데이터의 의미와 패턴을 해석하는 지능적 이해를 제공한다. 이 AI 추천 서비스는 계속 진화하고 있다.

첫째, 트랜스포머 모델의 도입이다. 구글이 개발한 BERT는 문맥 이해에서 탁월한 성능을 보이며, 관광지 리뷰와 설명 속 미묘한 뉘앙스를 구분할 수 있게 했다(Devlin et al., 2019). 예컨대 '조용한 해변'과 '화사한 해변'을 서로 다른 선호로 인식해 같은 장소라도 이용자 특성에 맞게 제안할 수 있다. 이는 추천이 단순한 데이터 매칭을 넘어 언어적 의미를 이해하는 과정으로 진화했음을 보여준다.

둘째, 시퀀스 기반 추천의 발전이다. 여행은 단일 목적지 방문보다는 다양한 목적지를 연속적인 경로로 방문한다. 따라서 시공간적 패턴을 반영한 시퀀스 기반 추천은 정확도를 높인다(Noorian, 2024). 이는 관광 여정을 단편적 추천이 아니라 서사적 흐름으로 파악하는 접근이다.

셋째, 멀티모달 데이터 활용이다. 지능형 AI는 텍스트뿐 아니라 사진, 영상, 위치 데이터를 함께 분석한다. Flickr와 같은 이미지 기반 플랫폼을 활용한 연구는 텍스트와 이미지를 결합한 추천 모델이 단일 데이터 기반 모델보다 더 높은 정밀도를 달성했음을 보여주었다(Islek & Oguducu, 2020).

이러한 진화를 통해 관광 추천은 단순한 검색 편리 기능에서 여행자의 감정 · 언어 · 행동을 읽어내는 지능형 동반자로 진화하고 있다. AI와 NLP는 이제 여행자가 표현하지 않은 욕구까지 감지하며, 보이지 않는 여행 안내자로 자리매김하고 있다.

AI가 추천한 나만의 여행 경로

과거 여행은 가이드북이나 인터넷 검색을 통해 대부분

비슷한 코스를 따라가는 경우가 많았다. 그러나 AI는 이러한 공통된 패턴 속에서 나만의 길을 찾아내도록 돕는다. AI는 여행자의 위치, 이동 시간, 날씨와 계절, 심지어 주변 사람들과의 사회적 관계까지 분석해 그 순간 가장 적합한 여정을 제안한다. 같은 도시라도 어떤 이에게는 미술관과 조용한 카페 중심의 경로가, 또 다른 이에게는 야시장과 음악 공연 중심의 여정이 추천된다.

이러한 개인화는 단순한 편의 기능이 아니다. AI가 설계하는 경로는 여행자의 취향과 상황이 반영된 공간을 체험하며, 기존의 대중적 관광지가 아닌 개인에게 특화된 새로운 공간성을 열어준다. 이는 마치 헤테로토피아처럼 일상의 질서와 다른 규칙이 작동하는 여행을 만들어 낸다. 나에게 추천된 길은 타인에게는 열리지 않는 일종의 디지털 문(門)이다.

예를 들어, 어떤 여행자가 도쿄를 방문했을 때, AI는 그가 평소 SNS에서 기록한 관심사와 위치 데이터를 기반으로 잘 알려지지 않은 서점이나 소규모 전시회를 안내할 수 있다. 이는 전통적인 가이드북에서는 경험하기 어려운 방식이며, 여행자가 나만의 여행 서사를 만들어 가도록 돕는다. 결국 개인화와 맥락 기반 추천은 여행을 자신만의 세계를 창조하는 과정으로 바꿔 놓는다.

추천에 의한 여행 의미의 재구성

여행은 여행지에서 느낀 감정, 마주한 장면, 함께한 사람들과의 경험이 모여 의미를 만든다. 최근 AI 추천 서비스는 이러한 정서적 · 경험적 요소를 반영하기 시작했다. 텍스트 후기, SNS 이미지, 동영상, 심지어 생체 데이터까지 분석해 여행자가 어떤 순간에 설렘을 느끼고, 어떤 상황에서 만족감을 얻는지를 파악한다. AI 추천은 이제 사람들이 많이 찾는 곳이 아니라, 내가 감정적으로 몰입할 수 있는 장소를 제안하는 방향으로 발전하고 있다.

예컨대 AI는 사용자가 과거에 감동을 기록한 사진이나 긍정적인 감정이 담긴 리뷰를 바탕으로 유사한 경험을 제공할 수 있는 공간을 추천한다. 이 과정에서 여행자는 단순히 관광지를 소비하는 것이 아니라, 자신의 감정에 맞춰 여행 이야기를 스스로 만들어가는 과정을 경험한다. 이런 경험은 개인적 감정과 서사적 해석을 통해 더욱 풍부해진다. AI는 이러한 맥락을 반영해 여행자가 자신만의 여행 스토리 라인을 구성하도록 돕는다.

이는 헤테로토피아적 전환을 의미한다. 개인의 감정과 AI의 데이터 분석이 교차하면서, 여행자는 기존의 집단적 경로나 관광지 중심 질서에서 벗어나, 자신만의 감성적 공간을 창출하게 된다. 결국 AI 추천은 여행의 의미를 재구성하며, 개인의 내면적 감성을 외부의 공간 경험과 연결해 준다.

예기치 않게 발견된 헤테로토피아

여행의 진정한 매력은 종종 계획하지 않은 순간에 찾아온다. 잘 알려진 명소가 아니라 골목길의 작은 카페, 지도에 표시되지 않은 벽화, 혹은 우연히 마주친 지역 축제가 여행을 특별하게 만든다. AI 추천 서비스는 효율적인 경로 안내를 제공하는 동시에, 그 속에서 예상치 못한 발견의 가능성을 열어준다. 알고리즘이 계산한 길이 오히려 낯선 경험의 공간으로 이어지는 것이다.

예를 들어, AI가 혼잡을 피해 조용한 길을 추천했을 때, 여행자는 그 경로에서 숨은 예술촌이나 전통 시장을 마주칠 수 있다. 이는 단순히 빠른 길을 안내받는 것이 아니라, 일상의 질서를 벗어난 다른 세계에 진입을 경험하는 것이다. 이러한 의도치 않은 발견이 여행 만족도를 높이고, 개인적 의미를 강화한다고 설명한다(Li et al., 2018). AI 추천 서비스는 바로 이 지점을 디지털 기술로 구현하며, 여행지를 새로운 헤테로토피아로 변환시킨다.

AI 추천 서비스가 안내하는 예기치 못한 장소는 기존 관광 코스의 질서를 벗어나 새로운 의미를 창출하는 헤테로토피아로 기능한다. 따라서 AI 추천 서비스는 단순한 편의 도구가 아니라, 여행자가 자신만의 독창적인 세계를 경험할 수 있도록 돕는 철학적 동반자라 할 수 있다.

AI 추천 서비스의 딜레마

AI 추천 서비스는 여행자의 선택을 돕는 강력한 도구이지만, 동시에 윤리적 딜레마를 동반한다. 추천의 정확성을 높이기 위해서는 개인의 위치 정보, 검색 기록, 심지어 감정 데이터까지 수집해야 한다. 그러나 이 과정에서 개인정보 보호와 알고리즘 편향 문제가 발생할 수 있다. 또한 특정 상업적 이해가 개입되면, 추천은 여행자의 진정한 욕구를 반영하기보다 특정 상품과 장소를 홍보하는 도구로 변질될 위험이 있다.

따라서 AI 추천 서비스의 핵심은 투명성과 통제권이다. AI 추천은 선택의 폭을 넓히는 수단이 되어야 하며, 특정 경로로 강제하는 역할을 해서는 안 된다. AI 추천 서비스가 신뢰를 얻기 위해서는 왜 이 추천이 이루어졌는지 설명하는 기능인 투명성과 개인이 추천 강도를 조절할 수 있는 옵션인 사용자 통제권을 반드시 갖추어야 한다. 여행자는 단순한 수동적 소비자가 아니라, 데이터와 알고리즘과의 협력 속에서 능동적 주체로 남아야 한다.

AI 추천 서비스는 단순한 편리함을 넘어, 우리가 살아가는 규칙의 질서까지 바꾸어 놓는 새로운 장치다. 여행자가 자신의 데이터를 바탕으로 낯선 길을 열어갈 때, 이는 일상의 틀을 벗어난 헤테로토피아적 경험이 된다. 그러나 데이터가 왜곡되면, 그 공간은 자유로운 탐험이 아니라 또 다른 통제의 장으로 변질될 수 있다. 결국 AI 추천 서비스가 기술적 혁신을 넘어 진정한 의미를 가지려면, 윤리적 신뢰를 바탕으로 여행자의 자유와 주체성을 존중하는 방향으로 나아가야 한다.

윤리와 신뢰성 확보로 여행자 자율성 보장

AI 추천 서비스는 단순한 기술적 도구가 아니다. 그것은 여행자의 여정을 개인화된 이야기로 재구성하며, 감성과 경험을 반영해 여행을 더욱 의미 있게 만든다. 동시에 추천 과정에서 발생할 수 있는 윤리적 문제와 신뢰성 문제를 해결해야만, 여행자의 자율성과 주체성을 보장할 수 있다.

무엇보다도 AI 추천은 효율과 편의를 넘어, 예상치 못한 공간과 경험을 제공하는 헤테로토피아적 발견으로 이어진다. 이 과정에서 여행은 일상의 질서를 벗어나 낯선 세계와 마주하는 체험이 되고, AI는 새로운 여행 철학을 여는 동반자로 자리매김한다.

참고문헌

Devlin, J. et al.(2019). Bert: Pre-training of deep bidirectional transformers for language understanding. *Proceedings of the 2019 conference of the North American chapter of the association for computational linguistics: human language technologies, volume 1 (long and short papers)*, pp.4171~4186.

Islek, I. & Oguducu, S. G.(2020). A hybrid recommendation system based on bidirectional encoder representations. *Joint European Conference on Machine Learning and Knowledge Discovery in Databases*, pp.225~236. Springer International Publishing.

Li, C. et al.(2022). Statute recommendation: Re-ranking statutes by modeling case-statute relation with interpretable hand-crafted features. *Information Sciences, 607*, pp.1023~1040.

Noorian, A. et al.(2022). A novel sequence-aware personalized recommendation system based on multidimensional information. *Expert Systems with Applications, 202*, 117079.

Noorian, A.(2024). A BERT-based sequential POI recommender system in social media. *Computer Standards & Interfaces, 87*, 103766.

Wahab, O. A. et al.(2022). Federated against the cold: A trust-based federated learning approach to counter the cold start problem in recommendation systems. *Information Sciences, 601*, pp.189~206.

07
뉴로 관광(Neurotourism)

뉴로 관광은 뇌과학적 기법을 활용해 여행을 다른 관점에서 이해하려는 새로운 접근 방법이다. 뇌 반응을 측정해 우리는 어떤 공간에서 매력이나 불편을 느끼는지를 밝힌다. 이 데이터는 맞춤형 서비스와 지속 가능한 관광으로 이어지지만, 윤리적 문제도 제기된다. 결국 뉴로 관광은 여행을 단순한 외부 탐험을 넘어 자기 내면을 들여다보는 과정으로 확장시킨다.

AI와 애니메이션?

뇌과학과 관광

여행은 인간의 인지 · 감정 · 행동이 교차하는 복합적 경험이다. 그러나 기존 관광 연구는 설문조사와 인터뷰 같은 자기 보고 방식에 의존해 왔다. 문제는 사람들이 자신의 감정을 정확히 표현하지 못하거나, 사회적 영향으로 왜곡된 응답을 하기도 한다는 점이다(Norman et al., 2019). 이 한계를 보완하기 위해 등장한 것이 바로 뉴로 관광이다(Al-Nafjan et al., 2023).

뉴로 관광은 뇌과학적 기법을 활용해 여행자가 스스로도 알아채지 못한 반응을 살펴본다. 우리 뇌는 의식적인 선택을 내리기 전에 이미 주변 자극을 평가하고, 어떻게 반응할지 준비하고 있다. 따라서 뇌파, 뇌영상 등을 통해 관광객이 특정 장소에서 느끼는 매혹, 불안, 피로 등과 같은 정서를 직접 측정할 수 있다(Norman et al., 2019; Roebers, 2017). 이러한 연구는 '왜 어떤 장소는 특별하게 기억되고, 또 다른 장소는 쉽게 잊히는가?'라는 질문에 과학적 근거를 제시한다.

예컨대, 특정 풍경을 바라볼 때 뇌의 보상 시스템인 도파민 경로가 활성화되면 그 경험은 긍정적으로 각인되어 재방문 의도나 추천 행동으로 이어진다. 반대로 혼잡한 환경에서 스트레스 관련 뇌 영역이 활성화되면 불편함을 강하게 기억한다(García-Milon et al., 2020). 즉, 여행 경험은 단순한 취향 문제가 아니라 뇌 속에서 감정과 인지가 어떻게 조율되는가의 문제다(Godovykh & Tasci, 2022).

뉴로 관광은 관광학 분야의 연구 지평을 넓히고 있다. 여행은 이제 사람들이 어디를 가고, 무엇을 하는가를 넘어, 그 과정에서 뇌가 어떻게 반응하는지를 탐구하는 학문으로 확장되고 있다. 이는 여행이 인간의 정체성과 기억, 나아가 행복감까지 연결되는 복합적 현상임을 보여준다. 결국 뇌과학은 여행을 이해하는 데서 새로운 패러다임을 열고 있는 셈이다.

뉴로 관광 측정 기법

뉴로 관광의 핵심은 여행자가 경험하는 순간의 무의식적 반응을 직접 측정하는 데 있다. 기존의 설문조사나 인터뷰는 여행자의 기억과 언어적 표현에 의존하기 때문에, 실제 경험과 차이가 생길 수 있다. 반면 신경 기반 측정 도구는 생리적·신경학적 반응을 실시간으로 포착해 여행 경험을 더 깊이 이해하게 한다(Norman et al., 2019).

첫째, 뇌파(EEG)는 전두엽, 측두엽 등 뇌 영역의 전기적 활동을 실시간으로 기록한다. 이를 활용하면 여행자의 흥분, 피로, 몰입 등의 수준을 빠르게 측정할 수 있다. 이 데이터는 체험형 관광 프로그램의 효과를 평가하는 데 유용하다. 테마파크 어트랙션에서 생성된 EEG 데이터를 분석하면, 어느 순간 여행자가 가장 몰입했는지를 과학적으로 확인할 수 있다.

둘째, 뇌영상(fMRI)은 특정 자극에 따라 뇌의 어떤 영역이 활성화되는지를 보여준다. 예컨대 아름다운 경관을 볼 때 보상과 감정에 관련된 영역이 활성화되는 장면을 확인할 수 있다. 이를 통해 어떤 관광 자원이 실제로 뇌에 긍정적 경험으로 각인되는가를 규명할 수 있다.

셋째, 안구 추적(Eye-tracking)은 여행자가 특정 장면을 볼 때 시선이 머무는 위치와 시간을 분석한다. 이를 통해 관심과 주의의 흐름을 시각적으로 파악할 수 있다. 이는 박물관 전시 구성, 관광 안내판 제작, 온라인 여행 플랫폼 디자인 최적화 등에 활용될 수 있다.

넷째, 생체 신호 측정이다. 피부 전도, 심박수, 피부 온도 등은 여행자가 긴장하거나 감동받는 순간을 포착한다. 이러한 신호는 감정적 반응을 객관적으로 보여주며, 설문조사로는 드러나기 어려운 무의식적 경험을 객관적으로 보여준다.

이처럼 신경 기반 측정 도구들은 여행자가 실제로 무

엇을 느끼는지를 과학적으로 보여준다. 이는 관광 연구의 방법론적 혁신일 뿐만 아니라, 관광 산업이 보다 정교한 체험을 설계할 수 있는 토대가 된다. 결국 뉴로 관광은 인간의 뇌와 감각을 이해하는 기술을 통해 여행 경험을 설계하고 평가하는 새로운 패러다임을 제시한다.

지속 가능성과 뉴로 관광

지속 가능성은 오늘날 관광의 핵심 화두다. 그러나 단순히 캠페인이나 안내 문구만으로는 여행자의 행동을 쉽게 바꾸기 어렵다. 여행자가 왜 특정한 선택을 하는지, 또 친환경적 행동을 유도하는 심리 · 신경학적 메커니즘이 무엇인지를 이해해야만 실질적인 변화가 가능하다. 뉴로 관광은 친환경적 선택을 유도하는 심리 · 신경학적 메커니즘을 다음과 같은 영역에서 탐구한다(Abdullah et al., 2024)

첫째, 친환경 선택과 뇌의 보상 시스템이다. 사람들은 '자신의 행동이 환경에 긍정적으로 기여한다'라고 인식할 때 뇌의 보상 영역이 활성화된다. 이는 환경을 보호하는 것이 곧 즐거움이 될 수 있음을 보여준다. 여행 맥락에서도 뇌 반응을 측정하면 어떤 메시지가 친환경적 선택을 가장 효과적으로 유도하는지 과학적으로 검증할 수 있다.

둘째, 감정 조절과 행동 변화다. 기후 위기나 환경 파괴 장면을 본 여행자는 부정적 감정을 경험한다. 하지만 그 감정이 실제 행동으로 이어지려면 뇌가 감정을 조절하고 실행 의사 결정으로 전환해야 한다. 뉴로 관광 연구는 이러한 과정을 실시간으로 측정해 어떤 자극이 실제 행동 변화를 촉진하는지 규명한다.

셋째, 설득 메시지와 몰입 경험이다. 박물관, 생태 관광지, 전시 공간에서 VR · AR를 활용해 몰입적으로 환경 메시지를 전달하면, 단순 정보 제공보다 훨씬 강한 신경 반응과 행동 의도를 이끌어 낼 수 있다. 이는 정보보다 경험이 뇌에 더 깊은 각인을 남긴다는 사실을 보여준다.

결국 뉴로 관광은 지속 가능한 행동을 설계하는 과학적 도구다. 여행자가 언제 환경적 책임을 느끼고, 어떤 조건에서 행동으로 옮기는지를 뇌과학적으로 이해할 때, 우리는 단순한 캠페인을 넘어 실제 변화를 만들어 내는 여행을 설계할 수 있다. 이는 뉴로 관광이 개인의 즐거움을 넘어, 미래 세대를 위한 지속 가능 관광의 촉매가 될 수 있음을 시사한다.

뉴로 관광의 과제와 미래

뉴로 관광은 여행을 과학적으로 이해하고 설계할 수 있는 강력한 가능성을 제시한다. 그러나 윤리적·사회적 성찰이 뒷받침되지 않는다면 다음과 같은 위험을 동반할 수 있다.

첫째, 생체 데이터와 개인정보 문제다. 뇌 영상 기법, 뇌파 분석, 안구 추적, 피부 전도 등은 여행자의 무의식적 반응을 포착하지만, 이 과정에서 수집되는 데이터는 민감한 개인정보다(Hensel et al., 2017). 만약 기업이나 플랫폼이 이를 상업적 목적으로 오·남용한다면, 여행자는 자신의 뇌와 감정이 상품화되는 불쾌한 경험을 하게 된다. 따라서 데이터의 익명화, 보관 규칙, 활용 동의는 반드시 선행되어야 한다.

둘째, 알고리즘 조작과 자유의 문제다. 관광 기업이 뇌 반응 데이터를 활용해 특정 상품이나 코스를 무의식적으로 선호하게 유도한다면, 여행자는 스스로 자유롭게 선택한다고 믿으면서도 사실은 알고리즘에 의해 조종당하는 상황에 놓일 수 있다. 이는 여행의 본질인 자유와 자율성을 위협하는 심각한 윤리 문제다(Ariely & Berns, 2010).

셋째, 사회적 불평등과 디지털 격차다. 고가의 신경

측정 장치와 데이터 분석은 특정 기업과 선진국 중심으로 발전할 가능성이 크다(Murphy et al., 2008). 이 경우 뉴로 관광은 특정 계층에게만 제공되는 프리미엄 경험으로 한정될 위험이 있다. 따라서 기술 발전은 개인화된 경험뿐 아니라, 보편적 접근성을 보장하는 방향으로 나아가야 한다.

그럼에도 뉴로 관광은 관광학과 산업의 미래를 여는 중요한 열쇠다. 감정 · 인지 · 행동을 과학적으로 이해하는 것은 맞춤형 여행 설계, 지속 가능 행동 촉진, 관광지 브랜딩 혁신에 큰 기여를 할 수 있다. 특히 뇌과학과 인공지능의 결합은 여행자가 표현하지 않은 욕구까지 반영해 보다 깊은 개인화를 가능하게 한다(Calvo & D'Mello, 2010).

외부 탐험에서 내면 탐구로

궁극적으로 뉴로 관광은 여행을 외부 탐험에서 내면 탐구로 확장하는 새로운 패러다임을 제시한다. 그러나 이 패러다임이 올바르게 정착하기 위해서는 윤리적 가이드라인과 사회적 합의가 반드시 병행되어야 한다. 그렇지 않으면 뉴로 관광은 여행을 풍부하게 하기보다 통제와 불평등을 심화시키는 도구로 전락할 수 있다.

따라서 뉴로 관광의 미래 과제는 분명하다. 뉴로 관광이 기술적 진보와 인간적 가치를 동시에 지켜낼 수 있는 균형점을 찾아야 한다는 것이다.

참고문헌

Abdullah, M. et al.(2024). A structure and agency perspective of sustainable tourism. *Current Issues in Tourism, 27*(14), pp.2199~2216.

Al-Nafjan, A. et al.(2023). Systematic review and future direction of neuro-tourism research. *Brain Sciences, 13*(4), 682.

Ariely, D. & Berns, G. S.(2010). Neuromarketing: The hope and hype of neuroimaging in business. *Nature Reviews Neuroscience, 11*(4), pp.284~292.

Calvo, R. A. & D'Mello, S.(2010). Affect detection: An interdisciplinary review of models, methods, and their applications. *IEEE Transactions on Affective Computing, 1*(1), pp.18~37.

García-Milon, A. et al.(2020). Towards the smart tourism destination: Key factors in information source use on the tourist shopping journey. *Tourism Management Perspectives, 36*, 100730.

Godovykh, M. & Tasci, A. D.(2022). Emotions, feelings, and moods in tourism and hospitality research. *Tourism and Hospitality Research, 22*(2), pp.247~253.

Hensel, D. et al.(2017). Conducting neuromarketing studies ethically-practitioner perspectives. *Cogent Psychology, 4*(1), 1320858.

Murphy, E. R. et al.(2008). Neuroethics of neuromarketing. *Journal of Consumer Behaviour: An International Research Review, 7*(4-5), pp.293~302.

Norman, E. et al.(2019). Metacognition in psychology. *Review of General Psychology, 23*(4), pp.403~424.

Roebers, C. M.(2017). Executive function and metacognition: Towards a unifying framework of cognitive self-regulation. *Developmental Review, 45*, pp.31~51.

08
여행 챗봇

여행 챗봇은 단순한 정보 제공을 넘어 24시간 대화가 가능한 여행 동반자다. LLM 기반 지능형 시스템으로 진화하여 예약 확인, 교통 안내, 음식 추천 등을 실시간으로 지원한다. 이는 편리함을 넘어 불확실한 상황에서 신뢰를 줘 여행 경험을 새롭게 만든다. 다만 맥락 이해 부족, 언어 · 문화적 차이 등 해결해야 할 과제가 남아 있다.

AI와 인재 채용?

여행 챗봇의 진화

챗봇(Chatbot)의 역사는 단순한 규칙 기반 대화에서 시작되었다. 1960년대 초 등장한 엘리자는 정해진 패턴에 따라 문장을 되풀이하는 수준이었고, 그 한계는 명확했다. 그럼에도 당시 사람들은 기계가 대화하는 듯한 경험 자체에 놀라움을 느꼈다. 이후 앨리스와 같은 규칙 기반 챗봇들이 텍스트 매칭 방식을 기반으로 발전했지만, 실제로는 맥락을 이해하지 못했기에 단절된 대화 경험을 제공하는 데 그쳤다(Weizenbaum, 1966; Wallace, 2007).

본격적인 전환은 딥러닝과 자연어 처리의 결합에서 이루어졌다. 2010년대 이후 등장한 딥러닝 기반 언어 모델은 단순한 패턴 매칭을 넘어 맥락 이해, 의미 분석, 응답 생성 등이 가능해졌다(Caldarini et al., 2022). 특히 시퀀스 투 시퀀스(seq2seq) 모델과 트랜스포머 구조는 문맥을 반영한 자연스러운 대화를 가능하게 했다.

오늘날 챗봇은 대규모 언어 모델(LLM)을 기반으로 한다. ChatGPT, Gemini, Claude 등과 같은 최신 모델들은 수십억 개의 파라미터와 방대한 학습 데이터를 통해 사람과 거의 구분되지 않는 대화 능력을 보여준다. 이를 통해 여행 챗봇은 단순히 기능적 응답을 넘어, 여행자의 상황 · 취향 · 감정까지 고려한 맥락 기반 맞춤 대화를 제공한다.

기술적 기반에서 또 하나 주목할 점은 멀티모달 처리 능력이다. 최신 여행 챗봇은 텍스트뿐만 아니라 음성, 이미지, 지도 데이터까지 다루며, 여행자의 경험을 확장하는 멀티모달 에이전트로 진화하고 있다(Benaddi et al., 2024). 여행자가 사진을 보내면, 사진 속 장소가 어떤 역사적 배경을 가졌는지를 설명하거나, 실시간 위치 기반으로 교통편을 안내할 수도 있다. 이는 여행 챗봇을 단순한 언어 도구에서 여행의 종합 안내자로 진화시키는 핵심 요인이다.

결국 여행 챗봇 진화는 규칙 기반→딥러닝→LLM→멀티모달로 이어져 왔다. 이 흐름은 단순한 기술적 발전이 아니라, 여행자가 언제 어디서나 대화로 정보를 얻는 새로운 패러다임을 열어가고 있음을 보여준다.

여행 챗봇의 활용과 효과

관광 산업은 고객과의 즉각적이고 지속적인 소통이 핵심이다. 여행 과정에서는 항공편 지연, 호텔 예약 변경, 교통편 문의, 관광지 운영 시간 확인 등과 같이 예기치 못한 상황이 수시로 발생한다. 우리는 낯선 곳을 여행할 때 빠르고 정확한 정보를 원한다. 답변이 늦거나 안내가 부실하면 금세 불만으로 이어진다. 이런 이유로 여행 챗봇은 언제든 접근할 수 있는 24시간 여행 동반자로 자리 잡고 있으며(Ukpabi et al., 2019), 다음과 같은 특징이 있다.

첫째, 관광 접점 전반에서의 활용이다. 여행은 항공, 숙박, 교통, 관광지 등 수많은 접점으로 구성되며, 여행 챗봇은 이 모든 순간에 활용될 수 있다. 예를 들어 호텔에서는 단순한 예약 확인을 넘어 체크인 절차 안내, 고객의 취향을 학습해 맞춤형 룸서비스 메뉴 추천, 주변 명소 정보 제공 등이 가능하다.

항공사에서는 항공편 변경과 탑승 수속을 자동화해 대기 시간을 줄이고, 지연이나 취소와 같은 예기치 못한 상황에서도 즉각적인 대안을 제시한다. 관광 안내 센터 역시 운영 시간, 입장권 구매, 추천 코스, 혼잡 시간대 안내, 이동 경로 추천 등 세밀한 서비스를 제공한다. 이처럼 여행 챗봇은 단순한 고객 응대 도구를 넘어, 관광 여정의 전 과정에서 경험을 매끄럽게 연결하는 디지털 파트너로 자리 잡고 있다.

둘째, 6A 프레임워크와의 결합이다. 6A는 여행자의 만족도를 결정하는 핵심 요소로 관광지(Attractions), 접근성(Accessibility), 편의 시설(Amenities), 패키지

(Available packages), 체험(Activities), 부가 서비스(Ancillary services) 등이다. 여행 챗봇은 이 모든 영역에서 역할을 수행한다.

예를 들어 관광지에서는 현지 명소 설명, 접근성에서는 교통 안내, 편의 시설에서는 숙박 · 식당 정보 제공, 체험에서는 액티비티 추천, 패키지에서는 맞춤형 여행 일정 안내, 부가 서비스에서는 환전 · 의료 기관 · 우편 서비스 정보를 제공한다. 즉 여행 챗봇은 6A 요소를 통합적으로 관리하는 디지털 허브로 기능한다(Buhalis, 2000; Benaddi et al., 2024).

셋째, 고객 만족과 데이터 기반 마케팅 효과다. 여행 챗봇은 단순히 질문에 답하는 역할을 넘어, 대화를 기록 · 분석해 관광 기업이 고객의 선호, 불만, 행동 패턴을 실시간으로 이해하도록 돕는다. 고객이 자주 묻는 질문은 서비스 개선의 단서가 되고, 반복적으로 불만이 제기되는 영역은 운영 전략을 조정하는 지표가 된다.

그리고 대화 데이터는 연령, 국적, 여행 목적 등에 따라 선호 활동을 분류할 수 있어 세분화된 맞춤형 마케팅을 가능하게 한다(Zhang et al., 2023). 또한 여행 챗봇이 축적한 데이터는 기업의 예측적 마케팅으로 이어진다. 특정 시즌에 선호되는 관광지나 활동을 미리 분석해 프

로모션을 기획하거나, 고객이 과거에 경험한 동선을 기반으로 새로운 여행 패키지를 제안할 수 있다.

결국 여행 챗봇은 단순히 고객 서비스를 자동화하는 도구가 아니라, 관광 산업 전반의 운영 효율성, 고객 만족, 데이터 기반 혁신을 촉진하는 핵심 기술로 자리 잡고 있다.

여행 챗봇의 한계와 미래

여행 챗봇은 빠르게 발전하고 있지만, 여전히 언어와 문화적 차이, 복잡한 요청 처리 능력, 개인정보 보호는 해결해야 할 과제다(Yılmaz & Şahin-Yılmaz, 2024). 과제들을 하나씩 살펴보면 다음과 같다.

첫째, 언어와 문화적 다양성의 장벽이다. 여행은 다국적 · 다문화적 상황에서 이루어지기 때문에 여행 챗봇이 다양한 언어와 문화적 뉘앙스를 정확히 처리하지 못하면 의사소통에 문제가 생긴다. 예로 같은 매운 음식(spicy food)이라는 표현도 문화권에 따라 맵기의 기준이 다르지만, 여행 챗봇은 이런 차이를 충분히 반영하지 못한다.

둘째, 복잡한 질문 처리 능력의 한계다. 최신 LLM이 등장했음에도 불구하고, 복잡한 일정 조정이나 다단계

조건이 포함된 질문에는 여전히 오류가 발생한다. 예컨대 '내일 오전 비행기로 도착, 도착 후 바로 관광, 근사한 저녁 등 맞춤형 코스와 교통편을 추천해 줘'라는 요청은 단순한 FAQ를 넘어선 복잡한 연산을 요구한다. 하지만, 현재 여행 챗봇은 이런 복합적인 상황을 완벽히 처리하기 어렵다.

셋째, 개인정보 보호와 신뢰성 문제다. 여행 챗봇은 예약 내역, 결제 정보, 위치 데이터 등 민감한 개인정보를 다룬다. 이용자는 여행 챗봇과 대화하면서도 자신의 데이터가 어떻게 활용되는지 알기 어렵다. 따라서 여행 챗봇의 투명성, 보안, 설명 가능성은 반드시 확보해야 할 핵심 과제다.

그럼에도 여행 챗봇의 미래는 밝다. 다국어 지원의 정교화, 맥락을 이해하는 대화 능력, 감정을 파악하는 감정형 챗봇(emotional chatbot)은 이미 활발히 연구 · 개발되고 있다. 또한 음성 · 이미지 · 지도 데이터를 통합 처리하는 멀티모달 챗봇은 여행자에게 더 자연스럽고 몰입적인 경험을 제공할 수 있다. 궁극적으로 여행 챗봇은 여행의 전 과정에서 대화형 파트너로 자리 잡을 것이다(Tosyali et al., 2025).

고객 경험을 혁신하는 핵심 기술

여행 챗봇은 관광 산업에서 고객 경험을 혁신하는 핵심 기술로 자리매김하고 있다. 초기 규칙 기반 시스템에서 시작해, 오늘날 LLM과 멀티모달 처리 능력을 갖춘 지능형 시스템으로 발전하면서, 여행자는 언제 어디서나 디지털 동반자와 대화하는 경험을 누릴 수 있게 되었다.

호텔 예약, 항공편 안내, 관광지 추천 등 구체적 서비스뿐 아니라 고객 데이터를 분석해 맞춤형 제안을 제공하며, 기업 운영의 효율성까지 높이고 있다. 그러나 언어와 문화적 다양성의 한계, 복잡한 요청 처리 능력 부족, 개인정보 보호와 신뢰성 문제는 여전히 해결해야 할 과제로 남아 있다.

앞으로 여행 챗봇은 단순한 자동 응답기를 넘어, 감정을 이해하고 맥락을 반영하는 대화형 파트너로 진화할 것이다. 이를 위해서는 기술적 정교함뿐 아니라, 투명성, 윤리성, 그리고 인간적 신뢰를 확보하는 노력이 병행되어야 한다. 결국 여행 챗봇은 관광 산업의 미래를 그려가는 중요한 축이자, 여행자의 자유와 경험을 확장하는 디지털 동반자가 될 것이다.

참고문헌

Benaddi, L. et al.(2024). A systematic review of chatbots: Classification, development, and their impact on tourism. *IEEE Access, 12*, pp.78799~78810.

Buhalis, D.(2000). Marketing the competitive destination of the future. *Tourism Management, 21*(1), pp.97~116.

Caldarini, G. et al.(2022). A literature survey of recent advances in chatbots. *Information, 13*(1), 41.

Tosyali, H. et al.(2025). Role of tourist-chatbot interaction on visit intention in tourism: the mediating role of destination image. *Current Issues in Tourism, 28*(4), pp.511~526.

Ukpabi, D. C. et al.(2019). Chatbot adoption in tourism services: A conceptual exploration. *Robots, Artificial Intelligence, and Service Automation in Travel, Tourism and Hospitality*, pp.105~121. Emerald Publishing.

Wallace, R. S.(2007). The anatomy of A.L.I.C.E.. *Parsing the Turing test: Philosophical and methodological issues in the quest for the thinking computer*, pp.181~210. Springer Netherlands.

Weizenbaum, J.(1966). ELIZA—A computer program for the study of natural language communication between man and machine. *Communications of the ACM, 9*(1), pp.36~45.

Yılmaz, G. & Şahin-Yılmaz, A.(2024). An overview of chatbots in tourism and hospitality using bibliometric and thematic content analysis. *Worldwide Hospitality and Tourism Themes, 16*(2), pp.232~247.

Zhang, B. et al.(2023). I am here to assist your tourism: Predicting continuance intention to use AI-based chatbots for tourism.

Does gender really matter?. *International Journal of Human-Computer Interaction, 39*(9), pp.1887~1903.

09
서비스 로봇

서비스 로봇은 안내, 운반, 배달 등 다양한 역할을 하고, 호텔 · 공항 · 테마파크에서 효율성과 혁신을 제공해 여행 경험의 새로운 주체로 부상하고 있다. 그러나 인간적 환대를 기계가 대체하는 것에 대한 불안과 거부감이 존재해 노동 변화와 같은 윤리적 과제를 해결하는 일이 중요하다. 궁극적으로 서비스 로봇은 관광의 미래를 함께 탐색하는 파트너로 의미를 갖는다.

AI와 기자?

서비스 로봇의 유형

서비스 로봇은 관광 산업 전반에서 다양한 모습과 역할로 활용되고 있다. 이를 제대로 이해하려면 화면 속에서 안내하는 가상 로봇(virtual robots)과 실제 공간에서 움직이는 물리적 로봇(physical robots)을 구분해 볼 필요가 있다.

가상 로봇은 챗봇이나 음성 비서가 대표적이다. 호텔 웹사이트나 모바일 앱에서 예약을 돕고, 관광 안내를 제공하는 이들은 이미 보편화된 서비스다. 물리적 형태는 없지만, 언어 기반 상호작용을 통해 고객의 질문에 실시간으로 응답하며, 특히 다국어 지원을 통해 글로벌 여행자의 편의를 높인다(Roy & Naidoo, 2021).

물리적 로봇은 관광 산업에서 점차 중요한 역할을 맡고 있으며, 크게 세 가지 유형으로 구분된다. 첫째, 메카노이드(Mechanoid)는 단순 기능을 수행하는 로봇이다. 이들은 짐 운반, 청소, 물품 배달 등 반복적인 업무를 대신하며 서비스 효율을 높인다. 둘째, 휴머노이드(Humanoid)는 인간과 유사한 외형과 행동을 갖춘 로봇이다. 호텔 프런트에서 체크인을 돕거나 안내 센터에서 정보를 제공한다. 셋째, 안드로이드(Android)는 인간과 거의 구분하기 어려울 정도로 정교한 외형을 지닌 로봇이다. 아직은 실험 단계에 머물러 있지만 관광 체험의 미래 가능성을 보여준다(Saputra et al., 2024).

서비스 로봇은 단순히 인간의 노동을 대체하는 수준을 넘어, 관광 경험의 질을 높이고, 새로운 체험을 창출하는 방향으로 확장될 것이다. 특히 가상 로봇과 물리적 로봇의 결합은 향후 관광 산업에서 온·오프라인을 아우르는 통합 서비스를 제공할 것이다.

관광 현장에서의 적용 사례

관광 산업은 오랫동안 사람 손에 크게 의존해 온 노동집약적 분야였다. 호텔 체크인, 레스토랑 서빙, 공항 안내, 테마파크 운영까지 대부분의 서비스를 인력이 맡아왔다. 하지만 최근 몇 년 사이, 서비스 로봇의 도입은 관광 현장의 모습을 빠르게 바꾸고 있다.

첫째, 호텔과 숙박업에서의 변화다. 일본의 헨나 호텔은 세계 최초로 전면적인 로봇 운영을 시도한 호텔로 알려져 있다. 프런트데스크의 휴머노이드 로봇은 체크인과 체크아웃을 처리하고, 룸서비스 로봇은 식음료를 배달한다(Gale & Mochizuki, 2019). 이는 단순한 효율성 제고를 넘어, 투숙객에게 이색적인 경험을 제공하며, 브랜드 아이덴티티를 강화하는 효과를 가져왔다.

둘째, 공항과 교통 허브에서의 변화다. 인천국제공항, 싱가포르 창이공항 등은 안내 로봇을 통해 탑승구 위치, 환승 정보, 실시간 항공편 상황을 제공한다. 다국어 지원이 가능해 글로벌 여행자와 원활히 소통하며, 혼잡한 공간에서 빠르고 정확한 길 안내를 수행한다(Kang et al., 2023).

셋째, 레스토랑과 엔터테인먼트 공간에서의 변화다. 중국과 한국의 일부 레스토랑에서는 서빙 로봇이 음식을 배달하고, 테마파크에서는 공연 로봇이 엔터테인먼트 요소를 강화한다(Go et al., 2020). 이는 고객의 만족도를 높이는 동시에, 인건비 절감과 서비스 속도 향상이라는 이중 효과를 낳는다.

넷째, 코로나19 팬데믹 이후 비대면 서비스 수요에 대한 변화다. 비접촉식 체크인, 자동 소독 로봇, 비대면 배달 서비스는 고객에게 위생과 안정을 보장하며, 위기 상황에서도 관광 산업이 지속적으로 운영될 수 있도록 기여했다(Choi et al., 2020).

이처럼 서비스 로봇은 새로운 고객 경험을 창출하는 혁신 매개체로 기능한다. 효율성, 위생, 재미, 이색성을 아우르며, 관광 산업은 서비스 로봇을 통해 서비스의 질과 범위를 동시에 확장하고 있다.

서비스 로봇의 인간화와 수용성

서비스 로봇이 관광 현장에서 성공적으로 자리 잡으려면 단순히 기능만 뛰어나서는 충분하지 않다. 로봇의 외형, 움직임, 감정 표현 방식이 여행자가 느끼는 신뢰와 만족에 큰 영향을 주기 때문이다. 결국 관건은 로봇을 얼마나 사람처럼 보이고 느껴지게 만들 수 있는가, 즉 인간화(anthropomorphism)에 달려 있다(Song & Kim, 2022). 이러한 인간화는 여행자에게 다음과 같은 효과를 가져온다.

첫째, 인간적 외형과 행동이 주는 효과다. 로봇이 단순히 기계처럼 보일 때보다 눈과 입 같은 얼굴 요소나 제스처를 갖추었을 때, 여행자는 더 친근하게 느낀다(Saputra et al., 2024). 예로 호텔 로비에서 미소를 짓고 손짓하는 휴머노이드 로봇은 단순한 기계가 아니라 진짜 서비스 직원처럼 받아들여진다.

둘째, 언캐니 밸리(Uncanny Valley) 효과다. 로봇이 지나치게 인간을 닮으면 오히려 불쾌감이나 거부감을 유발할 수 있다(Mori et al., 2012). 관광 현장에서도 지나치게 인간처럼 보이는 로봇은 친근함 대신 불안감을 불러일으킬 위험이 있다. 서비스 로봇은 친근하면서도 과하지 않은 적절한 인간화 수준을 지키는 것이 중요하다.

셋째, 관광객과 종사자가 느끼는 인식의 차이다. 여행자에게는 로봇이 신기하고 흥미로운 존재지만, 종사자에게는 자신의 일자리를 위협하는 대상으로 보일 수 있다(Ivanov et al., 2023). 이는 로봇 수용성을 이해하는데 중요한 지점으로, 로봇 도입은 단순히 고객 경험의 문제를 넘어 노동 시장과 조직 문화의 변화와도 연결된다.

넷째, 감정적 교감의 가능성이다. 로봇은 단순히 기능을 수행하는 수준을 넘어, 감정을 담은 대화와 공감 표현을 통해 고객 만족도를 높일 수 있다(Tung & Au, 2018). 특히 감정적 경험이 중요한 관광 산업에서 이러한 특성이 로봇의 역할을 더욱 확대하는 계기가 된다.

결국 서비스 로봇의 성공 여부는 기술적 성능만으로는 결정되지 않는다. 그것은 여행자가 로봇을 얼마나 신뢰하고 감정적으로 교감할 수 있는가에 달려 있다. 그래서 인간화는 단순한 디자인 요소를 넘어 관광 경험의 질과 로봇 수용성을 좌우하는 핵심 요인이 된다.

서비스 로봇 과제와 미래 방향

서비스 로봇은 관광 산업의 새로운 패러다임을 열고 있지만, 확산의 길은 순탄치만은 않다. 해결해야 할 과제가 여전히 남아 있으며, 동시에 그것은 앞으로 로봇이 어떤 방향으로 발전해야 하는지를 보여주는 중요한 이정표가 된다. 주요 과제들을 살펴보면 다음과 같다.

첫째, 인간 중심 서비스 가치와의 충돌이다. 여행의 핵심은 따뜻한 환대와 정서적 교감에 있다. 하지만 로봇이 과연 이런 가치를 대신할 수 있는지를 두고 논쟁이 계속되고 있다. 어떤 고객은 로봇의 신속함과 효율성을 반기지만, 또 다른 고객은 인간적인 따뜻함이 사라지는 것에 불편함을 느낀다. 앞으로 서비스 로봇이 나아가야 할 길은 기계적 효율성과 인간적 감성 사이에서 균형점을 찾는 것이다.

둘째, 개인정보 보호와 보안 문제다. 서비스 로봇은 음성, 영상, 위치 등 민감한 정보를 끊임없이 수집하고 처리한다. 만약 이 데이터가 상업적으로 오·남용되거나 해킹된다면 여행자가 쌓아온 신뢰는 한순간에 무너질 수 있다. 그렇기 때문에 데이터 관리의 투명성과 보안성, 그리고 이를 뒷받침할 제도적 장치는 반드시 마련되어야 한다.

셋째, 윤리적 논쟁과 고용 문제다. 서비스 로봇의 활용이 확대될수록 관광 종사자의 일자리가 줄어들 수 있다는 우려가 제기된다. 이는 단순한 경제적 차원을 넘어 노동의 존엄성과 지역 사회의 지속 가능성까지 연결되는 중요한 문제다. 따라서 서비스 로봇은 인간 노동을 완전히 대체하기보다는, 보완하고 지원하는 방향으로 설계되어야 한다.

넷째, 지속 가능한 관광과의 연계다. 서비스 로봇은 에너지 효율적 운영, 자동화된 자원 절약 시스템 등을 통해 친환경적 관광 서비스에 기여할 수 있다. 동시에 이런 기술이 특정 집단에만 국한되지 않도록, 모든 여행자가 고르게 이용할 수 있는 접근성을 보장하는 방향으로 발전해야 한다.

앞으로의 서비스 로봇은 인간 노동을 단순히 대신하는 존재가 아니라, 여행의 품질과 지속 가능성을 높여주는 협력자가 될 것이다. 중요한 것은 기술 그 자체가 아니라, 그것이 어떤 철학으로 설계되고 누구를 위해 쓰이느냐에 달려 있다. 관광 산업이 이 균형을 제대로 찾아낸다면, 서비스 로봇은 환대를 위협하는 기계가 아니라, 오히려 환대를 넓혀 주는 든든한 파트너로 자리매김할 수 있을 것이다.

고객 경험 확장하는 새로운 서비스

서비스 로봇은 관광 산업의 효율성과 혁신을 상징하는 존재로 자리 잡고 있다. 호텔의 체크인, 공항 안내, 레스토랑 서빙, 관광지 체험형 안내 등 서비스 로봇은 단순한 기능적 도구를 넘어 고객 경험을 확장하는 새로운 서비스 주체로 부상하고 있다.

그러나 서비스 로봇은 기술적 진보와 함께 인간적 환대 가치, 윤리적 문제, 사회적 수용성이라는 과제를 안고 있다. 여행자는 서비스 로봇을 편리하고 흥미로운 존재로 받아들이면서도, 기계가 인간적 교감을 대체할 수 있는지에 대해서는 여전히 의문을 제기한다. 또한 개인정보 보호와 고용 불안정, 기술 불평등 문제는 반드시 해결해야 할 과제다.

앞으로 서비스 로봇은 인간을 대체하는 것이 아니라, 서비스 경험을 확장하고 보완하는 협력자로 설계될 때 진정한 가치를 발휘할 수 있다. 이는 곧 관광 산업이 기술 혁신과 인간적 환대의 조화를 모색하는 과정이기도 하다. 결국 서비스 로봇은 관광의 미래를 위협하는 존재가 아니라, 지속 가능성과 환대의 가치를 확장하는 파트너가 될 것이다.

참고문헌

Choi, Y. et al.(2020). Service robots in hotels: understanding the service quality perceptions of human-robot interaction. *Journal of Hospitality Marketing & Management, 29*(6), pp.613~635.

Gale, A. & Mochizuki, T.(2019). Robot hotel loses love for robots. The Wall Street Journal.

Go, H. et al.(2020). Machine learning of robots in tourism and hospitality: interactive technology acceptance model (iTAM)-cutting edge. *Tourism Review, 75*(4), pp.625~636.

Ivanov, S. et al.(2023). Humans and/or robots? Tourists' preferences towards the humans–robots mix in the service delivery system. *Service Business, 17*(1), pp.195~231.

Kang, S.-E. et al.(2023). Creepy vs. cool: Switching from human staff to service robots in the hospitality industry. *International Journal of Hospitality Management, 111*, 103479.

Mori, M. et al.(2012). The uncanny valley [from the field]. *IEEE Robotics & Automation Magazine, 19*(2), pp.98~100.

Roy, R. & Naidoo, V.(2021). Enhancing chatbot effectiveness: The role of anthropomorphic conversational styles and time orientation. *Journal of Business Research, 126*, pp.23~34.

Saputra, F. E. et al.(2024). Anthropomorphism-based artificial intelligence (AI) robots typology in hospitality and tourism. *Journal of Hospitality and Tourism Technology, 15*(5), pp.790~807.

Song, C. S. & Kim, Y.-K.(2022). The role of the human-robot interaction in consumers' acceptance of humanoid retail service robots. *Journal of Business Research, 146*, pp.489~503.

Tung, V. W. S. & Au, N.(2018). Exploring customer experiences with robotics in hospitality. *International Journal of Contemporary Hospitality Management, 30*(7), pp.2680~2697.

10
AI 여행 기록

AI 여행 기록은 단순한 기록을 넘어 데이터를 활용해 여행자의 동선, 감정, 선호를 분석하고 맞춤형 다이어리를 자동 생성한다. 이는 무엇을 했는가에서 어떻게 느꼈는가를 보여주며, 여행을 자기 이해와 정체성 탐구로 확장한다. 데이터 소유권, 기록의 진정성 등 윤리적 쟁점도 있지만 결국 AI 여행 기록은 여행의 의미와 기억의 미래를 재구성하는 새로운 도구가 된다.

AI와 미래 의사?

여행 기록과 AI

여행 기록은 시대마다 다른 형태로 존재해 왔다. 고대의 탐험가들은 항해 일지에 경로와 사건을 남겼다. 그리고 근대의 여행자들은 수기와 그림으로 경험을 묘사했다. 디지털 시대인 지금은 블로그, SNS, 모바일 애플리케이션이 그 자리를 대신한다. 하지만 여전히 기록은 여행자의 의식적 선택과 노력에 달려 있다. 문제는 이런 방식이 종종 불완전하거나 단편적이라는 점이다. 바쁜 일정 속에서 기록은 빠지기 쉽고, 시간이 지나면 기억은 흐려진다.

AI는 이러한 한계를 보완한다. 스마트폰의 GPS, 결제 데이터, IoT 센서, 사진 메타데이터를 결합해 여행자의 경로와 활동을 자동으로 기록한다. 예컨대 하루 동안 방문한 장소, 소비 내역, 촬영한 이미지가 실시간으로 통합되어 여정의 구조를 형성한다(Pappalardo & Simini, 2018). 이는 단순한 기록의 편의성을 넘어, 여행자의 무의식적 행위까지 포착해 더 풍부하고 정확한 기록을 가능하게 한다.

또한 기록을 의미 있는 서사로 변환한다. 단순히 언제, 어디서, 무엇을 했는가를 나열하는 것이 아니라, 여행자의 선호와 감정을 분석해 개인화된 이야기를 구성한다. 예컨대 음식점에서의 소비 패턴과 SNS 반응을 결합해 '당신은 현지 음식 문화에 특별히 몰입했다'와 같은 맥락적 서술을 생성할 수 있다(Park et al., 2023).

나아가 AI 여행 기록은 다른 기술과 결합하여 새로운 차원을 연다. 디지털 트윈은 도시와 관광지를 가상으로 복제해 기록과 체험을 연결하고, 웨어러블 디바이스는 심박수나 피부 전도 반응을 통해 감정적 몰입 순간을 기록한다. 이를 통해 여행 기록은 단순한 데이터 축적을 넘어, 신경학적 · 감정적 반응까지 반영하는 다층적 아카이브로 진화한다.

즉, AI는 여행 기록을 단순히 남기는 행위에서 벗어나, 능동적이고 자동적인 이야기 생성으로 바꿔 놓는다. 이는 여행자가 자신의 여정을 되돌아보는 방식을 근본적으로 변화시킨다. 기록은 더 이상 단순한 기억의 보존이 아니라, 정체성과 감정을 새롭게 구성해 가는 과정으로 확장된다.

AI 여행 기록의 개인화

AI 여행 기록의 장점은 단순히 기록 과정을 편리하게 만드는 수준을 넘어선다. 그것은 여행을 어떻게 경험하고, 기억하며, 해석하는가를 새롭게 정의한다. 전통적인 기록이 일정한 형식 속에서 '무엇을 했는가'를 남겼다면, AI 여행 기록은 데이터와 알고리즘을 통해 '어떻게 느꼈는가'와 '무엇이 나를 움직였는가'까지 드러낸다. 이 과정에서 기록은 단순한 과거의 저장을 넘어, 현재와 미래 여행을 설계하는 지식 자원으로 확장된다.

AI 여행 기록의 또 다른 장점은 개인화다. 전통적인 여행 일기나 블로그는 일정한 틀 안에서 기록되었다. 하지만, AI 여행 기록은 여행자의 행동 패턴, 감정 반응, 취향 데이터를 분석하여 각자의 이야기를 만들어 낸다. 같은 도시를 방문하더라도 예술 애호가는 전시와 골목 카페 중심의 기록을, 미식가 여행자는 레스토랑과 야시장 중심의 기록을 얻게 된다. 이렇게 생성된 맞춤형 다이어리는 평균화된 경험이 아닌, 자신만의 고유한 여행 의미를 강조한다.

AI 여행 기록은 기록을 단순히 보관하는 것이 아니라 여행자와의 대화형 인터페이스로 발전시킨다. 예컨대 '여행자가 이번 여행에서 가장 즐거웠던 순간은 언제였을까?'라는 질문에 AI는 사진, 위치, 심박수 데이터 등을 분석해 해당 순간을 찾아 제시할 수 있다. 이 과정에서 기록은 정적인 아카이브를 넘어, 끊임없이 재해석되는 대화형 기억 플랫폼으로 변화한다(Barthelmes et al.,

2024). 여행자는 이를 통해 단순히 과거를 되돌아보는 것이 아니라 새로운 의미를 발견할 수 있다.

그리고 기록의 정확성과 사실성을 높인다. GPS, 카드 결제, 센서, 심지어 생체 데이터까지 종합해 기존 기록의 공백을 메우고 누락된 여정을 보완한다. 짧은 도보나 자전거 타기와 같은 사소한 여정까지 반영되는 인터랙티브 기록은 여행 경험을 더 풍부하고 사실적으로 재구성해 주며, 데이터의 신뢰성 역시 크게 높인다.

또한 지속 가능한 관광 행동을 촉진하는 도구로도 활용된다. 친환경 교통수단을 이용하거나 지역 상점을 찾은 경우, AI는 이를 기록하고 강조하여 여행자가 자신의 선택을 다시 돌아보게 만든다. 이는 개인적 만족을 높이는 동시에 사회적 책임 의식까지 강화한다. 나아가 이렇게 축적된 기록은 정책 차원에서 지속 가능 관광 전략을 세우는 데 필요한 중요한 데이터로도 활용될 수 있다(Xu et al., 2021).

무엇보다 AI 여행 기록의 가장 큰 특징은 시간을 새롭게 엮어낸다는 점이다. 과거 사진과 현재 감정, 그리고 미래 일정이 하나의 흐름 속에서 겹쳐 보여진다. 이는 단순한 기록이 아니라 과거 · 현재 · 미래가 공존하는 디지털 '헤테로크로니아'다.

한 여행자가 전통 시장에서 찍은 사진이 자동으로 저장되면, AI는 그날의 날씨 · 위치 · 감정 태그까지 결합해 다이어리를 완성한다. 몇 달 후 그가 같은 장소를 다시 찾았을 때, 앱은 과거 기록을 불러내 지금의 경험과 나란히 보여준다. 여행자는 한 화면 속에서 '그때의 나'와 '지금의 나'를 동시에 마주하며, 여기에 미래의 계획까지 덧붙일 수 있다. 이처럼 AI 기록은 단순한 아카이브가 아니라, 시간의 층위를 겹겹이 드러내는 또 다른 여행 공간인 헤테로토피아로 자리매김한다.

데이터 소유권과 기록의 진정성 문제

AI 여행 기록은 편의성을 넘어 개인화, 감정 반영, 데이터 기반 정밀성, 지속 가능성 촉진 등 다층적 가치를 담아내며, 여행을 새로운 의미 창출의 과정으로 바꿔준다. 그러나 이러한 개인화는 동시에 다음과 같은 윤리적 과제를 불러온다.

첫째, 데이터 신뢰성과 오류 문제다. AI는 기록을 자동화해 주지만, GPS의 오차나 감정 인식의 착오로 잘못된 정보가 남을 수 있다. 만약 여행자의 실제 기억과 AI가 생성한 기록이 어긋난다면, '진짜 기억은 무엇인가?'라는 근본적인 의문이 생길 수 있다.

둘째, 개인정보 보호다. AI 여행 기록은 위치, 소비, 감정, 사회적 관계 등 민감한 데이터를 포함한다. 기업이 이를 상업적으로 활용하거나, 해킹으로 유출될 경우, 여행자의 프라이버시는 심각하게 침해될 수 있다. 따라서 데이터 익명화, 사용 동의, 안전한 저장 시스템은 반드시 보장되어야 한다(Rao et al., 2023).

셋째, 알고리즘 편향과 신뢰성 문제다. AI 여행 기록은 특정 경험을 강조하거나 다른 경험을 소외시킬 수 있다. 예컨대 추천 알고리즘이 특정 관광지나 상업적 파트너의 경험을 부각한다면, 기록은 개인의 여정을 사실적으로 반영하기보다 플랫폼의 이해관계를 드러내는 결과가 될 수 있다.

결국 AI 여행 기록의 가치는 개인화와 윤리성 사이의 균형 위에서만 빛을 발한다. 여행자의 경험을 풍부하게 만들려면 데이터의 소유권과 프라이버시, 그리고 기록의 신뢰성이 보장되어야 한다. 그렇지 않다면 AI 여행 기록은 '나의 기억'이 아니라, 누군가에 의해 편집된 기억으로 전락할 수 있다.

AI 여행 기록의 미래

AI 여행 기록은 앞으로 단순히 과거의 여정을 저장하는 데 그치지 않고, 여행 경험을 실시간으로 확장하는 도구가 될 것이다. 이를 위해서는 몇 가지 과제가 추진되어야 한다.

첫째, 실시간 기록과 감정 데이터의 통합이다. 웨어러블 센서와 뉴로 기술은 심박수, 피부 전도, 뇌파 등 생체 데이터를 수집할 수 있다. 이를 AI 기록 시스템과 연결하면, 여행자는 단순히 '어디에 있었는가'뿐만 아니라 '그 순간 어떤 감정을 느꼈는가'까지 기록할 수 있다. 예를 들어 장엄한 절경을 마주했을 때 심박수가 뛰는 장면이 함께 기록된다면, 여행 일기는 단순한 일정표가 아니라 감정을 담은 살아 있는 이야기로 바뀐다.

둘째, 디지털 트윈과 메타버스와의 연결이다. 도시나 관광지가 디지털 트윈으로 복제되면, AI 여행 기록은 물리적 체험과 가상공간의 경험을 함께 기록할 수 있다. 더 나아가 메타버스와 연계된 기록은 여행자가 가상 세계에서 자신의 여정을 재방문하거나 타인과 공유할 수 있는 가능성을 열어준다. 이때 기록은 단순한 흔적이 아니라, 반복적이고 확장이 가능한 경험 자원으로 진화한다.

셋째, 개인화된 기억 아카이브로의 발전이다. AI는 여행 기록을 단순한 텍스트나 사진의 모음이 아닌, 나만의 아카이브로 만들어준다. 예를 들어 '행복'이나 '맛집'과 같은 특정 키워드로 검색하면 관련된 여행 경험이 자동 정리되고, 나의 정체성과 가치관을 반영하는 맞춤형 기억 지도가 그려진다. 이렇게 구축된 아카이브는 여행 경험을 넘어 삶과 정체성을 돌아보는 자기 성찰의 도구로 확장될 수 있다.

결국 AI 여행 기록은 여행에 대한 과거의 기억을 단순히 보관하는 데 그치지 않는다. 현재의 체험을 더 풍부하게 만들고, 나아가 미래의 선택을 설계하는 지속적인 경험 자원으로 진화하고 있다. 이렇게 AI 여행 기록은 기술을 통해 단순한 저장소에서 벗어나, 개인의 정체성과 삶의 아카이브로 격상되고 있다.

현재와 미래를 설계하는 자산

AI 여행 기록은 단순히 기억 보존을 넘어, 여행 경험 자체를 새롭게 재구성할 수 있게 한다. 과거의 기록이 수기와 사진에 머물렀다면, 디지털 전환을 거쳐 이제는 AI가 GPS, IoT, 생체 데이터를 통합해 여행을 자동으로 기록한다. 덕분에 여행자가 놓치기 쉬운 순간까지 보존되며, 각자의 여정은 단순한 기록을 넘어 의미 있는 이야기로 다시 태어난다.

하지만 개인화된 기록이 깊어질수록 윤리적 과제도

함께 커진다. 데이터의 신뢰성, 개인정보 보호, 알고리즘 편향 등은 AI 여행 기록이 반드시 해결해야 할 과제다. 기록은 개인 기억을 풍성하게 할 수 있지만, 상업적 이해관계에 의해 왜곡된다면, 그것은 나의 여행이 아니라 편집된 여행으로 전락할 수 있다.

그럼에도 AI 여행 기록은 여행을 기억 · 정체성 · 경험의 아카이브로 확장시킬 잠재력을 지니고 있다. 감정 데이터를 담은 실시간 기록, 디지털 트윈과 메타버스와의 연계, 맞춤형 기억 아카이브의 발전은 여행을 단순한 과거의 흔적이 아니라, 현재와 미래를 설계하는 자산으로 변화시킨다. 결국 AI 여행 기록은 단순한 기술이 아니라, 사람의 기억과 의미를 확장하는 동반자로 자리 잡을 때 비로소 그 가치를 온전히 발휘할 수 있을 것이다.

참고문헌

Barthelmes, L. et al.(2024). An open-source interactive travel diary for web-based trip reporting. *Transportation Research Procedia, 76*, pp.373~384.

Pappalardo, L. & Simini, F.(2018). Data-driven generation of spatio-temporal routines in human mobility. *Data Mining and Knowledge Discovery, 32*(3), pp.787~829.

Park, J. S. et al.(2023). Generative agents: Interactive simulacra of human behavior. *Proceedings of the 36th annual acm symposium on user interface software and technology*, pp.1~22.

Rao, J. et al.(2023). CATS: Conditional Adversarial Trajectory Synthesis for privacy-preserving trajectory data publication using deep learning approaches. *International Journal of Geographical Information Science, 37*(12), pp.2538~2574.

Xu, F. et al.(2021). Emergence of urban growth patterns from human mobility behavior. *Nature Computational Science, 1*(12), pp.791~800.

김정헌

화성시연구원 문화·관광 분야 연구위원이다. 경기대학교에서 관광학(관광개발) 박사학위를 받았다. 박사 취득 후 지속 가능한 관광을 위한 AI 및 데이터 중심의 심화 연구를 위해 Agro AI 석사학위와 통계·데이터과학 및 행정학 학사학위를 취득했다. 경기대학교 관광종합연구소에서 지역 축제와 사회적 자본 형성 연구를 수행(2017~2020)했고, 전주대학교 농생명융합연구소 및 인공지능연구소에서 농촌의 지속 가능성 및 공익기능, 사회적 자본, Agro AI 분야를 연구(2021~2023)했다. 관광을 통한 지역민과 여행자 간의 사회적 자본 형성에 중점을 두고 있으며, 최근에는 AI와 관광의 융합을 통해 지역 사회와 방문자 모두의 행복이 더욱 증진하고, 궁극적으로 지속 가능한 지역 발전을 실현할 수 있는 연구에 관심을 집중하고 있다.